QUESTÕES CONTEMPORÂNEAS DE EDIÇÃO, PREPARAÇÃO E REVISÃO TEXTUAL 4

DANIELLA LOPES DIAS IGNÁCIO RODRIGUES
JULIANA ALVES ASSIS [ORGANIZAÇÃO]

NO RITMO DO TEXTO

parábola

Direção: Andréia Custódio
Coordenação da Coleção: Ana Elisa Ribeiro
Preparação: Thiago Zilio-Passerini
Revisão: Silvana Cobucci Leite
Capa e diagramação: Telma Custódio

CIP-BRASIL. CATALOGAÇÃO NA FONTE
SINDICATO NACIONAL DOS EDITORES DE LIVROS, RJ
Carla Rosa Martins Gonçalves - Bibliotecária - CRB-7/4782

N66

No ritmo do texto / organização Daniella Lopes Dias Ignácio Rodrigues, Juliana Alves Assis. - 2. ed. - São Paulo : Parábola, 2025.
192 p. ; 21 cm. (Questões contemporâneas de edição, preparação e revisão textual ; 4)

Inclui bibliografia
ISBN 978-85-7934-395-7

1. Editoração. 2. Originais - Revisão. I. Rodrigues, Daniella Lopes Dias Ignácio. II. Assis, Juliana Alves. III. Série.

25-100325.1 CDD: 808.027
CDU: 808.2

Direitos reservados à
PARÁBOLA EDITORIAL
Rua Dr. Mário Vicente, 394 - Ipiranga
04270-000 São Paulo, SP
[11] 5061-9262
www.parabolaeditorial.com.br
parabola@parabolaeditorial.com.br

ISBN: 978-85-7934-395-7 (papel)
978-85-7934-394-0 (e-book)

SUMÁRIO

PREFÁCIO

Jane Quintiliano Guimarães Silva

Doutora em Linguística pela Universidade Federal de Minas Gerais (2002). Professora Adjunto IV da Pontifícia Universidade Católica de Minas Gerais (PUC Minas), onde atua na graduação e na pós-graduação em Letras.

Recebo, de Daniella Lopes Dias Ignácio Rodrigues e Juliana Alves Assis, a missão de dialogar com as ideias deste livro, que agora, em sua segunda edição revista e ampliada, chega às mãos dos leitores.

Imbuída dessa tarefa, já de saída, gostaria de assinalar que a proposta de *No ritmo do texto* se vincula a uma rede de estudos e pesquisas que refletem sobre a dinâmica da prática editorial, da edição, da preparação e da revisão de textos, implicada no preparo de um texto alheio, interrogando-se sobre os processos que aí se constituem, envolvendo diferentes atores e suas atividades no (com e sobre) o texto, até chegar à sua publicação.

Engajado na tessitura desse projeto, o livro dedica seu núcleo temático à reflexão sobre escrita e o processo de revisão, no qual se reúne um conjunto significativo de capítulos elaborados por professores e pesquisadores de importantes programas de pós-graduação de nosso país.

Como atestam os estudos aqui propostos, cada um a seu modo, trabalhar no terreno das práticas editoriais, mais especificamente com revisão de textos, é envolver-se com/em atividades pautadas por um gesto de leitura. Longe de figurar como exercício voltado apenas para a correção linguística do texto ou para a chamada "limpeza" de problemas formais, tal gesto pressupõe uma escuta das tramas que tecem a textualidade do discurso aí atualizado. Em outras palavras, uma leitura que se abre para perscrutar os movimentos da escrita que constituem o ritmo do texto. E ainda uma leitura em que se dá o encontro entre dois sujeitos: o revisor e o autor.

Desse modo, reconhece-se que o revisor se apresenta nessa prática como leitor privilegiado. Isso porque, por um lado, tem em suas mãos um trabalho original, não posto ainda em circulação; por outro, em interlocução com o autor, atua como leitor carregado de saberes/experiência, conhecimentos teórico-metodológicos sobre língua, gramática, escrita, texto, discurso, sentido, estilo, entre outros, que o habilitam a ler, reler, rever, reescrever, em suma, intervir criticamente no processo da formulação do texto. São operações analítico-metodológicas como essas que balizam o gesto da revisão, as quais conduzem a entrada do revisor na trama texto, na discursividade que o bordeia. Assim, ao tomar o texto em forma de processo e igualmente como um jogo sinuoso e opaco de linguagem, o revisor percorre os movimentos do dizer e de sujeitos que se mostram enunciativamente ou não, buscando explicitar o funcionamento da escrita, da língua em sua opacidade constitutiva.

Levando em conta o texto como espaço de interlocução, no interior do qual os dois interlocutores – autor/leitor (o revisor) – produzem sentidos, a presente obra recorta distintas dimensões, todas igualmente relevantes, da relação entre revisor e texto, entre elas a relativa à natureza do gênero materializado e a suas condições de funcionamento; a que remete às várias instâncias enunciativas que povoam um texto, nas quais se mistura o revisor; a que envolve questões de natureza ortográfica omitidas ou inconsistentemente postas pelos discursos de prescrição – as quais demandam, mais do que simplesmente conhecimento de regras pelo revisor, sua tomada de decisão –; e ainda aquela que mais diretamente está implicada nos percursos de formação desse profissional nas instituições de ensino superior.

Antes de encerrar, mais uma observação ao leitor: diante de inúmeras possibilidades de análise e reflexões sobre o texto e sua escrita como objeto de revisão, não espere encontrar nos capítulos que seguem uma única direção ou apenas um gesto de leitura para os múltiplos aspectos concernentes às práticas de formação e atuação profissional do revisor. Afinal, estamos falando de um perfil que reúne, ao mesmo tempo e de modo articulado, as capacidades de leitura, pesquisa e escrita, não necessariamente restritas a um único domínio discursivo. Ao contrário, é justamente a variedade de pontos de vista reunidos neste livro que favorece um conjunto vigoroso de discussões caras ao sempre atual e bem-vindo debate sobre escrita e processo de revisão.

Nessa medida, pode-se assumir que o interesse pelas questões suscitadas na obra se estende, de igual modo, a professores, estudantes, redatores e outros profissionais do texto.

AUTORIA, TEXTO, REVISÃO

Daniella Lopes Dias Ignácio Rodrigues
Juliana Alves Assis

Revisar, rever, corrigir, reescrever, reler, melhorar, emendar, limpar (que outros verbos poderiam integrar a listagem?) lembram ações que, em maior ou menor grau, podem caracterizar práticas do revisor de textos, profissional que, nos últimos anos, vem tendo sua formação construída em percursos curriculares especificamente propostos para esse fim[1].

No contexto em que se tomam as ações a que remetem os verbos listados, entram em diálogo tempos, espaços, instâncias enunciativas e objetivos distintos, o que não significa, entretanto, a inexistência de determinados pontos de convergência entre eles. Dito de outro modo, em um contexto profissional, ainda que o trabalho do revisor instaure necessariamente movimentos de cumplicidade e parceria com o autor, o texto sobre o qual se detém o revisor foi produzido por outrem (pertence a outrem), em momento anterior ao da revisão, sob condições sócio-históricas específicas, em determinado campo da atividade humana (científica, acadêmica, literária, publicitária, jornalística, política, entre outras), estando, por isso, a serviço de um projeto discursivo impossível de ser plenamente reconhecido e/ou recuperado pelo revisor. As condições brevemente enumeradas na abertu-

[1] Mencionamos, a esse respeito, a oferta no Brasil, ao longo dos últimos 25 anos, de cursos da área de Letras (graduação/bacharelado, especialização e mestrado) que privilegiam a formação do revisor e editor de textos. A realidade é tanto efeito de mudanças no perfil desse profissional ante demandas de atuação e mesmo ante possibilidades inauguradas pela tecnologia digital – entre as quais se incluem, sobretudo, a Inteligência Artificial (IA) e a Inteligência Artificial Gerativa (IA Ge), conforme discutem Honorato, Ferreira e Dias (2024) e Acuña e Solano (2023) –, quanto, ao mesmo tempo, acaba por favorecer um espaço fecundo de trocas e produção de conhecimento que igualmente concorre para mudanças no perfil desse profissional, tradicionalmente caracterizado como alguém que, independentemente de sua área de formação, deveria deter grandes conhecimentos linguísticos, sobretudo em termos de norma-padrão.

ra deste livro possibilitam-nos refletir sobre a complexidade subjacente à prática de revisão de textos, bem como sobre as tensões a ela subjacentes.

Nas primeiras páginas da *História do Cerco de Lisboa*, o emblemático diálogo entre o revisor Raimundo Silva e o autor cujo livro está sendo por ele revisado permite-nos refletir sobre determinadas – e por vezes veladas – tensões inerentes à relação entre as duas posições: a do revisor e a do autor do texto de que aquele se ocupa. Vejamos um pequeno excerto desse diálogo:

> Considere, senhor doutor, a vida quotidiana dos revisores, pense na tragédia de terem de ler uma vez, duas, três, ou quatro, ou cinco vezes, livros que, Provavelmente, nem uma só vez o mereceriam, Fique registado que não fui eu quem proferiu tão gravosas palavras, conheço muito bem o meu lugar na sociedade das letras, voluptuoso, sim, confesso-o, mas respeitador [...] (Saramago, 1989, p. 13-14).

É possível perceber nessa citação que a interação entre os dois personagens construídos no livro de Saramago – o autor e o revisor – erige-se tendo como fio condutor o conflito entre as duas posições sociais e enunciativas postas em cena: de um lado, o autor (o "senhor doutor"); de outro, o revisor ("Conheço muito bem o meu lugar na sociedade das letras"); de um lado, aquele a quem se deveria respeito; de outro, aquele que deveria respeitar, ainda que tenha o "poder" de ver/apontar as "falhas" do texto alheio.

Do diálogo transcrito, tomamos tanto a relação hierárquica nele flagrada quanto as pequenas evidências de que ela é ameaçada, de certo modo, como o mote para a discussão das relações em torno da autoria, da escrita e da revisão.

Tendo em vista a complexidade e, ainda, a tão necessária discussão sobre tais noções – autoria, escrita e revisão –, apresentamos aos leitores o quarto número da coleção Questões Contemporâneas de Edição, Preparação e Revisão Textual, coordenada pela pesquisadora Ana Elisa Ribeiro, do Centro Federal de Educação Tecnológica de Minas Gerais (Cefet-MG).

A proposta deste volume é trazer ao debate sobre a atividade de revisão de textos questões constitutivas da relação estabelecida entre autor e revisor, este último assumido como leitor profissional, sobre o qual lançamos os seguintes questionamentos:

Diante das injunções sócio-históricas, das coerções institucionais e das possibilidades tecnológicas, quais funções e tarefas esse mesmo leitor adota? Quais posições enunciativas ele assume ou pode assumir diante do texto em revisão? No caso específico da revisão de textos literários, que posição de alteridade lhe cabe ao intervir no texto alheio?

À luz de uma perspectiva discursiva, a reflexão sobre a relação entre autor e leitor profissional não pode perder de vista que "tanto o autor quanto o leitor são afetados pela inserção no social e na história [...] [e] que a função de um só se constrói pela função do outro" (Rodrigues, 2025).

No que se refere à noção de autoria, assumimos, com Possenti (2002, p. 107), que não se pode tocá-la "sem remeter em primeiro lugar ao clássico de Foucault (1969) e sem considerar as observações que, a partir desse ponto de vista, desenvolve Chartier (1994), que, fundamentalmente, faz reparos aos dados históricos de Foucault".

Sabe-se que Barthes anunciou que o conceito de autoria criado na modernidade estava agonizando. Para o historiador, o autor não expressa algo novo; apenas inscreve-se em algo já existente (Barthes, 2004). O pesquisador propõe, inclusive, uma redefinição do termo: para ele, trata-se, em realidade, de um escritor e não de um autor, de uma escrita e não de uma obra.

Avolumando a definição de Barthes, Foucault (1969) discute a noção de autor a partir de sua relação com os textos ligados a seu nome e a partir dos quais o autor é construído, distinguindo claramente a noção de autor da de escritor. O indivíduo que escreve é o escritor; já o autor está revestido "de traços históricos variáveis, que têm a ver em grande parte com o modo pelo qual são vistos e considerados os diversos discursos em diferentes épocas em cada sociedade [...]" (Possenti, 2002, p. 107).

Ao lado dessa noção, Foucault (1969, p. 58) concebe a figura do autor como "fundador de discursividades". Por exemplo, Marx, que não é apenas autor de suas obras – *O Capital*, *O Manifesto Comunista* –, mas suscitou também "a possibilidade e a regra de produção de outros textos" (*ibidem*). Assim, para Foucault, o autor é uma função discursiva por proporcionar discursividades.

Nessa discussão sobre autoria, cabe também retomar a reflexão de Bakhtin (2015, p. 130-131) sobre o discurso no romance e o lugar que nele ocupa a palavra do outro:

> A transmissão e a discussão dos discursos do outro, da palavra do outro, são um dos temas mais difundidos e substanciais do discurso humano. Em todos os cantos da vida e da criação ideológica, nosso discurso está repleto de palavras alheias [...]. Caso agucemos o ouvido para fragmentos do diálogo cru na rua, na multidão, nas filas, no saguão do teatro etc., ouviremos

> como amiúde se repetem as palavras "diz", "dizem", "disse", e em conversas rápidas na multidão frequentemente se fundem em um contínuo expressões como "ele diz... você diz... eu digo...".

Em outras palavras, o autor aí assumido não inaugura, ou, como enuncia o próprio Bakhtin (2016, p. 61), "[o] falante não é um Adão bíblico, só relacionado com objetos virgens ainda não nomeados, aos quais dá nome pela primeira vez".

A partir dos autores citados, fica explícito que, para nós, o indivíduo não é mais autor: em Barthes, é um escritor; em Foucault, assume a função-autor; em Bakhtin, é autor-criador, mas nunca origem.

Ainda em torno da relação autor e revisor (leitor profissional), retomamos Orlandi (2001, p. 91), para quem a autoria se faz presente "desde que haja um sujeito que se coloca na origem do dizer, produzindo o efeito de coerência, não contradição, progressão e fim". Orlandi ainda argumenta que a autoria ocorre na construção de um espaço de interpretação determinado pela interação com o Outro (interdiscurso) e o outro (interlocutor). Portanto, a construção da autoria reside na capacidade de estabelecer um lugar de interpretação, o que significa dizer que os sujeitos se tornam autores porque os sentidos que criam são passíveis de serem interpretados por outros. Portanto, para que a função-autor seja estabelecida, também é necessário que seu oposto – o efeito-leitor – também se estabeleça (Orlandi, 1996; 2001). Nessa relação entre autor e leitor, a interpretação do leitor não se limita a procurar sentidos, como se existisse um sentido oculto no texto – ou como se diz, "nas entrelinhas" –, mas envolve se expor à sua opacidade. Isso, sob uma perspectiva discursiva, sugere que os sentidos podem ser diversos, inclusive os não esperados (Rodrigues, 2025).

Em resumo, para o autor, o efeito-leitor simboliza sua exterioridade constitutiva (memória do que foi dito, repetição histórica) (Orlandi, 2001). "É aos olhos do leitor que as inscrições chegam, que os fragmentos aparecem reunidos, que nada se perde e tudo está feito (na unidade provisória do texto)" (Furlanetto, 2015, p. 159). Na prática da revisão de textos, podemos encontrar paralelos possíveis com essa perspectiva sobre o lugar discursivo do leitor: é ele quem devolve ao autor um olhar outro, tomando decisões sobre os "fragmentos reunidos", ou ainda, é ele quem realiza "um trabalho do sentido sobre o sentido" (Pêcheux, 2006, p. 51).

O efeito-leitor representa, portanto, para o autor sua exterioridade constitutiva (memória do dizer, repetição histórica) (Orlandi, 2001). Logo, as propriedades da função-leitor (em nosso caso, leitores profissionais) estão na base das propriedades da função-autor e poderiam ser assim descritas:

(1) estão submetidas à memória de seus saberes;
(2) produzem novas versões, efeitos metafóricos, deslizamentos de sentidos;
(3) demandam a responsabilidade, por parte daquele que lê, do que se lê (parafraseando Orlandi, 2001);
(4) sofrem injunções regulatórias da prática social de toda e qualquer escrita.

Por conseguinte, "um texto [é um] acontecimento a ler, que não é nem a matéria gráfica ou sonora nem o suporte em que elas se inscrevem; não se reduz, portanto, a esses corpos" (Corrêa, 2006, p. 284). O acontecimento a ler é o mergulho no interdiscurso, momento em que o trabalho do sujeito com a linguagem adquire singularidade, formando áreas de fronteiras por meio das quais o interlocutor (leitor) consegue identificar as práticas sociais e históricas específicas de onde provém a memória discursiva. No entanto, embora esse trabalho com a linguagem possa ser reconhecido por sua repetibilidade, ele também fornece ao interlocutor (leitor) a percepção da sua própria limitação: a de lidar com a singularidade desse mesmo trabalho devido a seu acabamento de sentido (Corrêa, 2006). Em outros termos, o sentido de um enunciado – leia-se texto, falado ou escrito – só ganha acabamento na réplica que provoca (Bakhtin, 2016), o que institui o trabalho do revisor, considerando esse princípio de funcionamento do enunciado impossível em termos de controle dos sentidos. Vale reiterar, ainda, à luz de Corrêa (2006, p. 284), que "o acontecimento discursivo não se reduz à situação, nem dá nome à atividade do autor do texto nem à do seu leitor. Pelo contrário, só se materializa na relação que se estabelece entre as figuras do autor e do leitor". Conceber os textos sob a perspectiva da leitura leva-nos a considerar que a relação entre discurso e texto não é dada, sendo, pois, elaborada a cada interpretação (do leitor profissional), no acontecimento do texto a ler (cf. Rodrigues, 2025).

Quanto à noção de escrita, entendemo-la como processo – fazer a escrituração. Desse ponto de vista, distingue-se a escrita de texto da escrita, tal como proposto por Indursky (2009), para quem a escrita de texto apresenta começo, meio e fim. Já a escrita, ao contrário, não é um produto acabado, mas um processo, algo em movimento que não se termina, como no caso do texto, com um ponto final (Indursky, 2009). Em outras palavras, pensar a escrita como um processo significa concebê-la como prática de linguagem e, portanto, discursiva, de natureza criativa, não repetitiva do ponto de vista do funcionamento do sistema, mas um acontecimento, "momento em que, de seu mergulho no interdiscurso, o trabalho do sujeito com a linguagem ganha singularidade" (Corrêa, 2007, p. 285). Nessa perspectiva, a escrita é uma das funções discursivas do sujeito, por meio da qual podemos fisgar marcas de sua subjetividade ou de sua autoria.

Por fim, voltamo-nos para a revisão de textos, aqui concebida, em pleno diálogo com os autores citados no que se refere à heterogeneidade da escrita (Corrêa, 2007), como uma atividade discursiva cujas intervenções geram/provocam efeitos de sentido não necessariamente projetados no projeto de dizer do texto revisado.

A partir desse pano de fundo sobre autoria, escrita e revisão de textos, Adail Sobral e Vanessa Barbosa abrem este 4º volume da coleção discutindo o sistema de lugares na atividade de revisão ou, nas palavras dos autores: "As redes de enunciação que a atividade instaura". Não pretendem discutir os aspectos técnicos, pois eles "são meios para um fim", e o que lhes interessa "é o fim a que servem esses meios".

Embora as questões ortográficas sejam vistas por alguns como mera aplicação de suas regras ou "meios para um fim", Celso Fraga da Fonseca contribui para a presente obra com um exame de "tópicos problemáticos do Acordo Ortográfico de 1990, trazendo à discussão pontos de interesse para profissionais do texto, relativos, sobretudo, ao emprego de letras, à acentuação gráfica e ao emprego do hífen [...]". O capítulo traz à tona outra tensão sempre presente entre autor e texto: a língua viva e a língua prescrita. Soma-se a isso a presença de uma interessante reflexão, ao final do texto, sobre a Inteligência Artificial Gerativa como ferramenta para o trabalho do profissional do texto.

Raquel Beatriz Junqueira Guimarães e Elzira Divina Perpétua abordam as especificidades do texto literário, tendo em vista o trabalho do revisor. Por meio da análise de recortes de textos literários em prosa e em verso, Guimarães e Perpétua constroem um caminho em que mostram como o texto literário, respeitada sua singularidade – condição que todo e qualquer texto merece receber –, pode ser beneficiado pelo olhar do revisor.

O processo de formação inicial de futuros revisores de texto, na graduação em Letras, e os conflitos que o perpassam alimentam as reflexões de Ev'Ângela Batista Rodrigues de Barros. Motivada pelas frequentes dúvidas dos estudantes quanto aos papéis e limites do revisor, desejosos de obter um manual de boas condutas profissionais, a autora discorre sobre diferentes fatores que concorrem para a impossibilidade de se elaborarem receitas para o trabalho profissional do revisor.

Fechando a presente obra, Maíra Avelar, ao tratar da atividade de revisão *freelancer*, analisa quatro revisões de um mesmo resumo acadêmico, realizadas no âmbito das atividades de uma disciplina de prática de revisão de textos. A autora oferece-nos uma reflexão instigante acerca das ações desse profissional, cujos impactos denunciam-se tanto na reconfiguração do texto revisado quanto nos percursos de leitura instaurados a partir dessa nova configuração.

Esperamos que este 4º volume da coleção possibilite aos leitores – revisores e outros profissionais do texto, graduandos e pós-graduandos, em especial os das áreas de Letras e Comunicação Social – (re)pensar a atividade de revisão como um domínio de pesquisa genuíno, em plena e constante expansão.

Boa leitura!

OS TIPOS DE REVISÃO TEXTUAL E SUAS REDES ENUNCIATIVAS

Adail Sobral

Doutor em Linguística Aplicada e Estudos da Linguagem pela Pontifícia Universidade Católica de São Paulo (2006), mestre em Letras pela Universidade de São Paulo (1999), professor adjunto da FURG - Universidade Federal do Rio Grande.

Vanessa Barbosa

Doutora em Letras pela Pontifícia Universidade Católica do Rio Grande do Sul (2017), mestra em Letras pela Universidade Católica de Pelotas (2012), professora da Faculdade de Filosofia, Letras e Ciências Humanas da Universidade de São Paulo.

Refletimos aqui acerca da atividade de revisão do ponto de vista enunciativo, da constitutividade eu-outro, para além da interação pura e simples. Isso nos dá a oportunidade de pensar sobre assuntos que não costumamos abordar espontaneamente.

Pode-se perceber, nestas primeiras linhas, que, de nossa perspectiva, toda atividade de revisão é (e deve ser) realizada do ponto de vista do autor, sempre considerando o interlocutor a que o texto é endereçado e as normas em vigor no ambiente específico de elaboração e revisão. Ainda que *a priori* nenhum autor escreva tendo como destinatário ou como "interlocutor ideal" o revisor, uma vez que seja convocado pelo autor, esse ator do trabalho passa a fazer parte direta da tessitura do texto e, depois do autor, torna-se o primeiro leitor e coadjuvante do processo de constituição da escrita.

É esse aspecto enunciativo – a posição de quem revisa na rede enunciativa assim criada – que nos interessa desenvolver. Logo, não vamos nos deter em aspectos técnicos estritos da revisão, mas discorrer sobre as redes de enunciação que a atividade instaura. Os aspectos técnicos são meios para um fim; o que nos interessa aqui é o fim a que servem esses meios e o processo enunciativo que leva a ele. Incluem-se no processo, como é óbvio, os sujeitos que se valem desses meios nessas redes de enunciação, para alcançar seus fins, considerando, do ponto de vista dialógico, os interlocutores a que se destinam os textos. Não vamos, é claro, dar um tratamento exaustivo ao tema, mas tentar discorrer sobre os aspectos enunciativos essenciais dos tipos de revisão propostos.

◇ REVISAMOS DISCURSOS, NÃO APENAS TEXTOS

A fim de melhor explicitar a perspectiva de que partimos, cabe dizer que todo texto é parte de um discurso, constitui sua materialidade e depende das exigências do gênero de que é um exemplar. A materialidade do texto é vital obviamente, mas, em si, não dá conta dos elementos envolvidos na enunciação de um discurso, via texto, a que comparecem igualmente as restrições e possibilidades advindas do gênero de discurso em que esse texto, via discurso, se situa.

Revisar vem do verbo latino *revisĕre*, que significa rever, examinar novamente, corrigir, emendar, verificar. Logo, supõe que, antes de tudo, se veja, para então rever. Por isso, o campo coberto pelos verbos *rever* e *revisar* – ver de novo e visar outra vez – respectivamente se faz presente em toda e qualquer atividade de elaboração de textos, não apenas no que é popularmente designado por revisar, isto é, rever o texto alheio já pronto, ou quase pronto. Dito de outro modo, a revisão ocorre já ao longo do processo de elaboração. Nesses termos, o primeiro revisor de todo texto é o próprio autor. O segundo varia: pode ser um amigo, parente ou companheiro do autor, um revisor profissional, um editor etc.

Nossa tese é, então, a de que todo texto sempre requer revisão até ser considerado pronto para ser entregue a seu leitor, independentemente do tipo de revisão (no decorrer deste capítulo, discorreremos sobre os tipos que julgamos ter identificado). O elemento constante, do ponto de vista enunciativo, que mais nos interessa aqui é que sempre se revisa sob a influência do elemento mais importante, o interlocutor a que o texto é endereçado (o chamado endereçamento), sem prejuízo do tópico que se aborda (a referencialidade) nem do tema, ou ponto de vista valorativo (expressividade) do qual se aborda o tópico nesse texto voltado para um dado interlocutor.

Assim, revisar um texto vai necessariamente além de todos os componentes da textualidade, que são o recurso da realização de um discurso, e os incorpora. Revisa-se não um texto que constitua um todo em si, em imanência, mas sim o discurso de dado autor, sua enunciação específica em determinado texto, sendo obrigatório para isso considerar as formas "relativamente estáveis de enunciados" (Bakhtin, 2011, p. 262) que são os gêneros do discurso – porque todo texto é parte de algum gênero.

Em outras palavras, a atividade de revisão se ocupa de um texto enunciado, e todo texto enunciado é parte de um gênero. Como cada gênero tem suas exigências específicas e cada autor usando um gênero vive uma situação de interlocução ainda mais específica e tem sua própria maneira de elaborar textos desse gênero, podemos delimitar as diversas modalidades de revisão do seguinte ponto de vista: todas elas envolvem relações enunciativas específicas, tendo como núcleo comum a produção de um texto por dado autor voltada para um determinado interlocutor. Não há, portanto, texto produzido ou revisado abstratamente.

Disso decorre também a necessidade de que autor e revisor trabalhem em afinidade, discutam a respeito do perfil de leitor presumido da escrita e cheguem a alguns pontos de encontro sobre possíveis e, quem sabe, melhores maneiras de organizar o que deve e pode ser dito em determinado gênero, a fim de cumprir os objetivos a que o texto se propõe. Nessa cadeia dialógica de constituição da escrita, destacamos a essencialidade de esses dois sujeitos envolvidos com o texto trabalharem em sintonia para chegarem ao acabamento (sempre ilusório, como sabemos) da produção final.

Nesse sentido, o revisor ocupa uma posição enunciativa dada, assume um estatuto enunciativo na rede de interlocução que é a relação autor-leitor, algo que faz dele um colaborador vital do autor, uma voz presente no resultado do texto desse autor, ainda que não necessariamente um nome autoral reconhecido. Assim, como defendido na tese de Barbosa (2017, p. 20), "a atividade de revisão de textos é um fazer essencialmente colaborativo entre autor e revisor".

Este último, na teia de sentidos, ocupa um lugar marcado por aproximações e distanciamentos tanto do autor do texto quanto da produção textual em si e busca um equilíbrio entre o colocar-se, metaforicamente, no lugar do outro – movimento empático –, para compreender a tessitura geral da escrita, e o afastar-se – movimento exotópico –, para atuar como leitor crítico, capaz de observar o todo do projeto de dizer, vislumbrando possibilidades de melhor finalização do texto (*ibidem*).

Nessa perspectiva, cabe refletir também sobre a aproximação entre a atividade de trabalho do revisor e do tradutor, objeto do trabalho de Barbosa (2012; 2017), tendo em vista que ambas as atividades, tomadas em uma concepção enunciativa (Sobral, 2008), trabalham com discursos. Isso significa que, ao considerar enunciado e enunciação como elementos "de uma teoria discursiva da língua e dos usos linguísticos, leva-se em conta o texto, mas se vai necessariamente além dele" (*ibidem*, p. 57). Compreende-se, assim, que tanto o tradutor quanto o revisor se utilizam de textos como materialidade das suas atividades, mas têm como unidade de análise e objeto de trabalho o discurso, visto que, em suas leituras, considerarão a escrita tomada em relação a seus aspectos amplos, isto é, um texto específico, pertencente a determinado gênero, dirigido a certo interlocutor, com dada finalidade etc.

Como destaca Sobral (2008, p. 59), "o discurso recorre a textos, mas não se confunde com eles, porque um texto só faz sentido quando se sabe quem escreveu o quê dirigindo-se a quem e em que situação". Assim, seria equivocado tentar compreender o discurso sem considerar o sujeito produtor desse discurso, suas vivências, seu repertório lexical, seu estilo etc. Nesse sentido, se a especificidade da atividade do tradutor está centrada no fato de que "o discurso passa a ter, além do locutor e dos interlocutores 'originais', um interlocutor que também é locutor (o tradutor) e outro grupo de interlocutores (os leitores da tradução)" (*ibidem*, p. 70), podemos dizer que "o revisor também está nessa região limítrofe entre o autor e os leitores a quem o discurso é dirigido" (Barbosa, 2017, p. 113).

Isso faz com que o revisor profissional ocupe um espaço de leitor/locutor intermediário e, a depender do modo como trabalha, em alguns casos, realize também uma leitura "atípica" (Sobral, 2008, p. 70), como o faz, segundo Sobral, o tradutor. Essa leitura consiste em "ler com os olhos de quem vai escrever", o que faz dele, a um só tempo, "um leitor e um locutor: assumindo a posição de autor" ou ao menos falando em nome deste (*ibidem*, p. 70), tal como Sobral expõe quando se refere à tradução. Trata-se de uma leitura-escritura, portanto, uma vez que ler com os olhos de quem vai escrever é diferente de ler com outros fins e de escrever, embora, neste último caso, igualmente haja, como vamos mostrar, revisão.

Como não pretendemos nos alongar em definições teóricas, cabe dizer: numa definição simplificada, os gêneros se constituem em dispositivos mais ou menos estabelecidos de produzir textos falados e escritos, maneiras aceitas – e flexíveis – de endereçamento, referenciação e expressão. Pode-se dizer que a produção de todo texto, incluindo nessa perspectiva sua revisão, ocorre sob a influência dos seguintes fatores:

- o ambiente, ou contexto, de uso do texto;
- as pessoas, no sentido de papéis sociais, envolvidas;
- os objetivos do texto;
- os recursos possíveis da língua e sua organização pelos sujeitos envolvidos com a escrita para a realização de seu projeto enunciativo.

Abordamos a seguir os tipos gerais de revisão cujas denominações criamos para os fins deste texto, sem pretensão de exaustividade, mas visando à indicação de diferentes modalidades. São eles:

- revisão em ação – a revisão do autor;
- revisão profissional estrita – a revisão do revisor profissional;
- revisão indicativa – a revisão do organizador de publicações (e eventualmente de pareceristas que auxiliam o organizador);
- revisão especializada – a do orientador e das bancas de avaliação de monografias;
- revisão avaliativa – a dos editores e pareceristas de revistas acadêmicas, *ad hoc* ou membros de corpo editorial;
- revisão bilíngue – a revisão de traduções, pelo autor e pelo revisor e/ou editor.

REVISÃO EM AÇÃO

Trata-se da revisão, uniautoral ou coautoral, feita pelo autor ou autores de um texto. Envolve a ação do autor de rever seu próprio escrito. É feita mais diretamente de acordo com o interlocutor, real ou típico, a que o texto se dirige. Constitui, a nosso ver, o primeiro tipo de revisão. Chamamo-lo de "revisão em ação" e o caracterizamos como aquele feito pelo próprio autor ao longo da elaboração do texto e/ou depois de ele estar pronto.

Sabe-se que a revisão feita pelo próprio autor (exceto no caso de profissionais da escrita) em geral só funciona se feita algum tempo depois de se chegar a uma primeira versão do texto. E ainda assim, dada a familiaridade do autor com o texto produzido, ainda pode haver necessidade de outro revisor, a depender do objetivo do texto e de outros fatores. Essa necessidade de afastamento do próprio texto e retorno à escrita também se relaciona ao fato de que o escritor "[...] não trabalha com material físico destituído de significado, mas com partes que já se encontram elaboradas, com elementos linguísticos preparados" (Voloshinov, 2013a, p. 133). E, mais do que isso, com o fato de que ele precisa organizar esses elementos na formação de um todo significativo e que somente o faz se também seguir determinadas regras gramaticais e critérios específicos do gênero em que se estrutura o texto, os quais não podem ser transgredidos, sob pena de ilegibilidade ou incompreensão.

Tomada em concepção enunciativa, a linguagem, objeto primeiro e primário de todo texto, "não é um simples inventário do mundo, mas, sim, um espaço de valoração e, portanto, de conflito, tendo em vista que materializa o (des)encontro de vozes e modos de apreender a vida que podem ser, em essência, muito diferentes" (Barbosa, 2017, p. 35). Disso decorre a necessidade de o autor escrever, reescrever, rever e revisar um texto antes de dá-lo por concluído.

REVISÃO PROFISSIONAL ESTRITA

Nesta categoria se enquadra a atividade do revisor propriamente dito em suas várias modalidades: em editoras, EaD, empresas, entidades públicas, para autores de monografias etc.

A atividade profissional do revisor de textos ainda é um fazer polêmico e precisa ser problematizada, sobretudo na esfera acadêmica, a fim de se contribuir para o reconhecimento de sua importância no processo de elaboração textual (Barbosa, 2017). Dizemos "polêmico" tendo em vista tratar-se de um trabalho, na maior parte dos casos, realizado de modo autônomo e quase sem visibilidade, o que significa também que há muitas maneiras de fazê-lo. Há revisores que aceitam determinado trabalho, acordando que serão verificados somente aspectos gramaticais, normativos (pontuação, ortografia, concordância etc.) de certo texto.

Há também aqueles que se posicionam como copartícipes da tessitura da escrita, isto é, trabalham, como já explicamos, com os discursos produzidos no e pelo texto em revisão, o que pressupõe, em consequência, tratar do texto para além de questões gramaticais estritas e manter conversas contínuas e frequentes com o autor para realizar a atividade de modo satisfatório ao autor e ao revisor.

A respeito da revisão profissional, cabe-nos dizer ainda que profissionais com formações em diferentes áreas do conhecimento costumam ser contratados para atuar nessa função, sobretudo os da área de Letras ou Jornalismo. Isso significa que as maneiras de concretização do trabalho com o texto estarão ancoradas em princípios epistemológicos específicos de dada formação, o que certamente implica a variedade desse fazer desde sua base. Quer dizer, dependendo da área a que pertence o revisor, as compreensões de texto, língua, gênero etc. de dada formação terão íntima relação com o modo como a atividade ocorrerá.

Diante dessa multiplicidade de fatores constituintes do que se denomina revisão textual – jamais restrita ao texto, exceto se centrada apenas na "correção gramatical" –, o surgimento de conflitos na contratação desse trabalho não é infrequente, pois nem sempre o que o contratante deseja ou espera do trabalho de um revisor é aquilo que, de fato, o profissional fará. Daí a necessidade de, no primeiro contato entre os sujeitos envolvidos no trabalho, eles discutirem o passo a passo da atividade contratada, os prazos, os valores e as maneiras de interação que ocorrerão não só na escrita em si, mas também entre eles no decorrer do processo de reescrita do texto. Trata-se de medidas necessárias para evitar ruídos e desentendimentos no trabalho, os quais são prejudiciais principalmente ao revisor, pois, como dissemos, por se tratar de uma atividade liberal, a melhor maneira de conseguir novos clientes é via indicação de experiência pessoal.

Vale repetir ainda que, dadas as particularidades de cada revisor e as diversas relações estabelecidas entre ele e o autor do texto, nos importa neste texto refletir sobre a revisão profissional estrita tomada em uma perspectiva enunciativa da linguagem, considerando-a a partir da realidade da enunciação, na qual há a permanente troca de dizeres e a construção de sentidos entre os múltiplos indivíduos que (trans)formam a sociedade. Nesses termos, cabe lembrar que os sujeitos revisores, em nossa perspectiva – tanto os do dizer escrito quanto os físicos –, não são idealizados, mas sim responsáveis pelo que dizem, e a relação eu-outro constitutiva da enunciação revela uma "multiplicidade de vozes bem como a tensão constitutiva do discurso, que nunca é neutro, mas plurivocal, carregado axiologicamente por uma multiplicidade de valores, vozes, verdades e tons" (Barbosa, 2017, p. 26).

REVISÃO INDICATIVA

Esta modalidade cabe ao organizador de um livro ao ler os textos que vão compor a publicação, bem como, com outras características, aos pareceristas a que pode recorrer. Difere da avaliativa porque se refere a livros para os quais os autores são convidados, em vez de a revistas a que os autores submetem textos para avaliação. Não é considerada revisão, por ter um caráter mais amplo. Contudo, a tarefa de editar envolve necessariamente revisão, feita pelo editor e/ou por revisores/pareceristas por ele indicados. Não é incomum o organizador ou editor perceberem, na leitura crítica – no sentido não de opinião, mas de detecção de problemas – que fazem, inconsistências de vários tipos, erros de digitação etc., que cabe indicar aos autores.

Muitas vezes, o organizador solicita a pareceristas uma leitura indicativa como essa, "indicativa" no sentido de que, de modo geral, não incide sobre a aprovação ou não do texto em si, mas a adequações, seja ao público leitor, seja à temática e perspectiva da publicação como um todo, ou em concordância com outras exigências possíveis. A partir disso, indica ao autor aquilo que lhe parece pertinente, e ele pode ou não aceitar, desistir de publicar, aceitar em parte, defender o que fez perante o editor etc.

Temos aqui uma atividade de revisão que consiste em apontar ao autor elementos que, da perspectiva de seu(s) revisor(es), merecem ser considerados para fins de alteração, por exemplo, elementos da forma geral, da organização e distribuição de partes do texto ou, em raros casos, do conteúdo. O autor, de certo modo, tem essas leituras, seja qual for o resultado, como balizas acerca de seu texto.

Por exemplo, em determinado processo de publicação de livro sobre questões didáticas de ensino de línguas, os revisores e os editores indicaram a necessidade de explicar mais detidamente certo termo, bem como de explorar mais alguns aspectos levantados pelo texto. A razão, justa, é que o livro não se destinava a um leitor universitário, mas a professores de ensino elementar e médio que buscam uma orientação prática acerca de questões reais, e não teóricas. Os autores realizaram a alteração nos termos propostos tendo isso em vista.

Do mesmo modo, conhecemos um caso de conflito entre autor e organizador quanto ao objetivo geral do texto. O autor descrevia teoricamente a base de uma concepção sobre um assunto e ilustrou com base em uma experiência prática aquilo que propunha. O editor legitimamente, dados os critérios do livro, e com base nas indicações de pareceristas, disse que o texto necessitava de uma descrição detalhada de passos para a implantação da concepção envolvida.

O autor foi até o que julgou ser o limite de alteração possível que não levasse a uma mudança do tom geral que desejava imprimir a seu texto, mas acabou por desistir da publicação, uma vez que havia mais sugestões que considerou não poder aceitar por se considerar um autor com um modo já conhecido de se dirigir ao leitor presumido, alguém que pretendia propor princípios para uma ação, em vez de descrever como empregá-los. Não que tenha julgado erradas as sugestões; ele apenas se considerou incapaz de segui-las.

Nada há aqui de errado no sentido estrito, tratando-se de um exemplo de negociação que, mesmo resultando em uma recusa, foi legítima. Tanto o editor e os pareceristas quanto o autor tinham suas razões enunciativas para propor e aceitar ou não. Houve, por assim dizer, um conflito de endereçamento: o autor pretendia endereçar seu texto de uma maneira que simplesmente não era compatível com a proposta geral do livro. A base dessas sugestões (ou mesmo exigências, em alguns casos) é a representação da inteligibilidade geral do texto, o que põe no centro de tudo a imagem de um leitor que poderá ou não, ao ver do editor/organizador/parecerista, entender devidamente o texto. Como se pode perceber, o que importa é que o editor/organizador (além dos eventuais pareceristas) tenha uma imagem do leitor a que se destina o livro como um todo, ligada ao objetivo dos textos que organiza e, a partir disso, estabeleça seus legítimos critérios, que podem ou não ser seguidos.

REVISÃO ESPECIALIZADA

Inclui-se aqui a atividade de revisão do orientador/coorientador de trabalhos e dos membros de bancas de avaliação de monografias. Um orientador de monografias também é, em certo sentido, um revisor porque revê, revisa o texto de seus orientandos. Idealmente, o orientador lê o texto de seu orientando, considerando as exigências do gênero, o saber aceito, dominante ou inovador, em seu campo de estudo etc. do ponto de vista do orientando, que é o autor.

O aluno tem, por isso, cumpridas as exigências institucionais, direitos de autor que o orientador não tem. Não se trata, pois, de um texto coletivo. O orientador pode naturalmente insistir em determinadas alterações, por diversos motivos legítimos, ao contrário do revisor profissional, mas a última palavra, ressalvada a insistência em cometer erros conceituais ou algo do tipo, é do estudante-autor.

Mesmo que o orientador sugira pequenos trechos para a monografia – de modo geral consensualmente –, complete algo que o aluno escreveu etc., sugira de modo mais direto o que ele pode ou deve dizer, o que ler etc., ainda assim, não é o autor, uma vez que seu papel é necessariamente secundário, o de uma espécie de fiador do texto do estudante. O texto pertence autoralmente ao orientado.

Nesses termos, o papel do orientador é o de um revisor especializado e difere daquele dos profissionais de revisão porque, ao contrário destes, assume a função de fiador do texto do aluno; é ele quem diz se o texto está pronto e pode ser apresentado à avaliação. Não se trata de impor suas preferências pessoais, mas de ler o texto – repetimos, do ponto de vista do autor e do interlocutor a que ele se dirige (banca, profissionais da área etc., claro que considerando todos os outros fatores mencionados).

Nesse sentido, também uma banca de avaliação de monografias é composta por revisores especializados que diferem dos profissionais e do orientador porque, embora assumam a responsabilidade de aprovar – ou não – o texto já aceito pelo orientador, têm menos responsabilidade pelo texto final. É que suas propostas podem ou não ser aceitas pelo candidato avaliado e seu orientador, que é afinal quem se responsabiliza pelo resultado produzido por seu orientando.

Um orientador só pode ser coautor de outro texto que não a monografia do aluno. O autor desta é o estudante que ele orientou. Na verdade, não cabe ao orientador escrever pelo aluno e, caso o faça, não pode por isso considerar-se um coautor. Um texto coautoral é elaborado conjunta e diretamente pelos dois ou mais autores, que têm diferentes papéis no processo, mas que compartilham a autoria. Monografias a ser avaliadas são de um único autor: o candidato.

Um orientador pode ser coautor de textos que contenham ideias que não são dele, mas de orientandos e alunos seus. E pode sê-lo porque os textos em si foram elaborados, a partir das ideias e propostas deles, por eles e pelo orientador. Ele também pode ser coautor de textos que iniciou e os coautores elaboraram e de textos que colegas iniciaram e de cuja elaboração participou. Nesses três tipos de textos, os autores são revisores no sentido de rever seus próprios textos e no de rever os textos de seus coautores, produzindo um texto coletivo.

Cabe mencionar que, no processo de elaboração, defesa e entrega do texto final de monografias, afora esses três tipos de revisão, a revisão pelo autor, a revisão pelo orientador e a revisão pela banca de avaliação, também a revisão profissional estrita pode vir a ser requerida, por diversos motivos que não cabe desenvolver aqui. Vemos, assim, que a atividade de elaboração de monografias pode envolver até quatro tipos de revisão integradas a partir de uma negociação: a autoral, a especializada com assunção de responsabilidade (a do orientador/coorientador), a especializada sem essa assunção, mas com vistas a dar um aval ao texto, e a revisão profissional estrita. Isso mostra a rede de interlocução envolvida nessa atividade, bem como os diferentes papéis enunciativos assumidos pelos protagonistas.

◇ REVISÃO AVALIATIVA

Categoria relativa a uma etapa (preliminar) da avaliação de um texto para publicação feita por editores de revistas acadêmicas e pareceristas. Estes últimos podem ser membros do corpo editorial de uma editora ou revista ou podem também ser convidados externos, denominados pareceristas *ad hoc*.

Um revisor avaliativo é responsável por julgar se o texto está apto ou não a fazer parte de publicação científica dada, seguindo critérios do conhecimento dos autores que submetem textos. Incluem-se aí naturalmente o bom uso de terminologia da área e os parâmetros do gênero, de modo geral artigo, mas também resenhas e, com certa relutância de alguns editores, ensaios, ou seja, textos que não relatam pesquisas, mas abordam tópicos não necessariamente ligados a pesquisas. Ele tem a função de dizer se aceita ou rejeita o texto, ou partes dele, e pode sugerir alterações e se dispor a reler a versão alterada. Em geral, elabora um parecer argumentativo, no qual explicita o posicionamento tomado. Por isso, é comum que o parecerista tenha formação na área do texto lido e possa, desse modo, ter leituras e conhecimento necessário para agir como avaliador.

Ainda que a maior parte dos periódicos acadêmicos trabalhe com a política de pares às cegas, isto é, no mínimo, dois revisores fazem a avaliação individual do material sem saber quem são o(s) autor(es) do trabalho, isso não significa que o processo seja menos complexo ou simples. Há certo número de situações possíveis que alteram o rumo do processo, positiva ou negativamente.

Esses conflitos ocorrem porque há um parecerista aprovando e outro reprovando o mesmo texto, o que requer a solicitação de um terceiro parecer; porque algum parecerista extrapola e quer impor, com sua autoridade, seu ponto de vista, ou a teoria que mais lhe agrada; porque um autor tenta desqualificar os pareceres, e assim por diante. Cabe ao editor verificar detalhadamente todos os casos. Na qualidade de revisor dos revisores, a ele cabe a responsabilidade final pela decisão de publicar ou não determinado texto.

Mesmo que dois pareceristas deem pareceres desfavoráveis, ainda é preciso verificar cuidadosamente essas decisões, justamente para evitar problemas semelhantes. A recusa de um texto pode ocorrer, às vezes, devido a uma tentativa de imposição pelo autor de um texto reconhecidamente fora de um padrão razoável ou pelo uso de autoridade por pareceristas para desqualificar textos que estão nesse padrão, mas que não lhes agrada por motivos outros (discordância da teoria, desconhecimento de especificidades da área, ou subárea etc.) e, em vez de se dizerem impedidos, como é de esperar, acabam por fazer sugestões que não cabem ou simplesmente reprovam.

Os pareceristas têm como seu revisor o editor da revista, cuja função é verificar a pertinência do que por eles é sugerido para então comunicar aos autores, bem como fazer uma avaliação preliminar dos textos antes de decidir se os envia para receberem parecer. Ele pode simplesmente recusá-los com base na não concordância do texto com os critérios estabelecidos pela revista. O editor tem, portanto, a árdua tarefa de resolver os conflitos entre pareceristas e entre estes e os autores, de acordo com critérios explicitados na revista e com o bom senso.

REVISÃO BILÍNGUE

Trata-se da revisão de textos, em geral livros, traduzidos. Envolve duas atividades: a revisão feita pelo próprio tradutor e a revisão do revisor, ou preparação, acompanhadas pelo editor, o responsável pelo texto final. Como o revisor não tem o mesmo tempo de convivência com o texto na língua-alvo e o texto na língua-fonte do tradutor, este tem de dirigir-se ao revisor como parceiro da elaboração, destinada a terceiros, da tradução de um texto do autor traduzido, que não se dirige ao leitor final do texto transposto, mas aos leitores de seu texto em sua língua.

Como ocorre em toda interlocução, a primeira impressão do revisor sobre o texto na língua-alvo, se negativa, diante de casos "estranhos" de construções, uso de termos etc., pode levá-lo a duvidar da precisão do tradutor e começar a tentar "interpretar" o que ele escreveu, chegando mesmo a alterar (em alguns casos indevidamente) o texto de modo a atender a suas apressadas expectativas, não às do tradutor.

A ideia de que o revisor ocupa um importante lugar de interlocução no processo é reforçada pela necessidade – que criou uma praxe, infelizmente nem sempre seguida – de o tradutor indicar ao revisor, em texto à parte, as palavras "incomuns" usadas, razões de certas escolhas etc., para que o revisor não as considere, em princípio, erradas ou impróprias. Isso acontece porque o tradutor convive com o texto que traduz durante longo tempo, revisando partes suas ao longo do processo, enquanto o revisor acaba por ter um tempo bem menor para rever o texto da tradução e cotejá-lo com o texto-fonte.

Tal como um intérprete de textos, que vai interpretando com mais pertinência o texto-alvo à medida que o vai conhecendo melhor, o tradutor revê sua tradução continuamente e a altera de acordo com o que "aprendeu" ao longo do processo. No final, relê tudo, agora com outros olhos, os de quem já conhece o texto traduzido e o texto-fonte.

O cuidado que o tradutor deve tomar ao rever seu texto considera, claro, o leitor e é afetado, em especial, pelo revisor. Ele tem de levar em conta, ao mesmo tempo, o leitor final e o primeiro leitor, o revisor. A primeira impressão do revisor, se negativa diante de algo "estranho", particularmente se houver mais casos "estranhos" no texto traduzido, repetimos, pode levá-lo a duvidar da precisão do tradutor e fazê-lo começar a "sobreinterpretar", ou seja, a ver mais possibilidades do que o texto autoriza, e a tentar alterar o texto de modo a atender a suas expectativas, criadas devido à insegurança revelada pelo tradutor.

Por esses motivos, o trabalho de tradução termina pelo começo, ou seja, pela revisão feita pelo tradutor a partir do começo do texto. Ao começar, o tradutor pouco sabe do texto. Ao final, ele sabe o suficiente para rever/revisar seu texto com segurança – na medida do que é possível ser seguro em questões humanas, mormente nas que se referem ao sentido.

Vimos, ainda, que o tradutor tem o revisor e o editor como seus interlocutores, afora o leitor, uma vez que o texto não vai chegar diretamente do tradutor ao leitor, mas passar pelo revisor e pelo editor, que não revisa, mas acompanha, e é aquele a quem cabe a decisão final, bem como a responsabilidade sobre o texto.

CONSIDERAÇÕES FINAIS

Dada a natureza do texto que propomos, não se pode dizer que haja aqui uma conclusão propriamente dita, mas sim uma retomada de alguns aspectos, a nosso ver, mais relevantes. Neste texto, exploramos aspectos relevantes de alguns tipos de revisão de textos consideradas em termos da rede de interlocução que implicam, com base em uma classificação provisória a que chegamos.

Tentamos com essa classificação e discussão propor uma visão ampliada da atividade de revisão em dois sentidos: o de se achar bem além dos aspectos gramaticais e mesmo textuais estritos (sem prejuízo deles) e o de envolver profissionais outros além dos revisores profissionais propriamente ditos. Levantamos várias questões no tocante a isso, a par de descrever as situações mais típicas de cada modalidade de revisão proposta, e uma ou outra atípica, a título de exemplificação de potenciais problemas.

Essas questões revelam a complexidade inerente ao agir do revisor, bem como à tarefa de discorrer sobre sua atividade, visto que falar do revisor em postura enunciativa significa refletir sobre um ator que não é neutro e está em constante reinvenção da atividade, a depender do(s) autor(es) com quem trabalha e de outros sujeitos envolvidos. O revisor, seja qual for sua categoria específica, precisa se manter atualizado sobre uma diversidade de temas e mesmo estudar e pesquisar no decorrer da revisão.

Como disse Voloshínov (2013b, p. 77), sobre as valorações que atribuímos às palavras e que são inalienáveis, elas se referem

> [...] a uma certa totalidade, na qual a palavra diretamente entra em contato com o acontecimento da vida e se funde com ele em uma unidade indissolúvel. A palavra tomada isoladamente, como fenômeno puramente linguístico, não pode ser verdadeira, nem falsa, nem atrevida, nem tímida.

A revisão tem por objeto enunciados, não frases. Logo, trabalha com verdades, falsidades, atrevimentos, expressões de timidez e outras tantas valorações que por definição não se acham no puramente linguístico. No centro desse amplo e complexo universo de signos, se situa o aspecto central da atividade de trabalho de revisão de textos, seja qual for a modalidade envolvida. Vida e arte precisam encontrar-se nos textos; cabe ao revisor promover esse encontro.

Nesse sentido, julgamos ter mostrado que o texto nunca é apenas propriedade do autor – embora ele seja inegavelmente de sua autoria, traga suas "marcas" autorais, sua "assinatura". O texto pertence no mínimo ao autor e a seu interlocutor, real ou presumido, e sempre é objeto de uma representação que se percebe no corpo e no fio do texto; ele altera o autor, já que o outro (presente ou presumido, mas sempre apreendido em discurso) é radicalmente constitutivo do eu – e vice-versa. E o revisor, mesmo hipotético ou restrito ao próprio autor, também é um elemento a ser considerado.

Portanto, para além de uma categorização e subdivisão da atividade, o que nos importou enfatizar aqui foi a existência de redes de interlocução na base da elaboração de todo texto. Além disso, destacamos a quantidade de papéis que um revisor pode desempenhar e/ou os papéis de revisão que se podem desempenhar, considerando que, em toda escrita, há uma constante fusão entre palavras e valores que se articulam e (re)constroem o ininterrupto processo da enunciação, essa infinita cadeia de revisões.

QUESTÕES ORTOGRÁFICAS EM TORNO DO ACORDO DE 1990

Celso Fraga da Fonseca

Mestre em Língua Portuguesa e Linguística pela Pontifícia Universidade Católica de Minas Gerais (2004), professor de Língua Portuguesa, tradutor e revisor de textos acadêmicos.

◇◇Embora o objetivo do Acordo Ortográfico de 1990 (Brasil, 2008) fosse a unificação de dois sistemas ortográficos – o brasileiro e o lusitano –, esse intento não foi (e talvez não possa ser) plenamente alcançado. O que se conseguiu, ao fim de arrastados debates, foi uma relativa homogeneização ortográfica, com perdas e ganhos para os dois lados. Apesar de todos os esforços, muitas grafias divergentes persistem, entre as quais se podem citar como exemplos: *húmido*, *porque* (pronome interrogativo), *beringela*, *receção* e *económico*, em Portugal, contrapostos a *úmido*, *por que*, *berinjela*, *recepção* e *econômico*, no Brasil.

Em razão de diferenças de pronúncia incontornáveis e em face da constatação de que não é possível unificar plenamente os dois sistemas ortográficos, a solução apresentada pelo Acordo foi considerar duas (ou mais) grafias paralelas, o que tem como efeito indesejável a proliferação de formas que contemplam as especificidades das duas grandes variedades do português.

Para o profissional do texto, é sempre trabalhoso lidar com múltiplas grafias, pesquisando e cotejando dicionários, bem como outras fontes de consulta, e um pouco mais difícil ainda é lidar com múltiplas possibilidades de grafia, quando se trata de formas não dicionarizadas.

No presente capítulo, examino tópicos problemáticos do Acordo Ortográfico de 1990, trazendo à discussão pontos de interesse para profissionais do texto, relativos sobretudo ao emprego de letras, à acentuação gráfica e ao emprego do hífen, buscando, sempre que possível, indicar caminhos que possam orientar tomadas de decisão.

Os trechos do Acordo aqui citados foram transcritos *ipsis litteris* – inclusive com todas as falhas e desconfigurações – do documento oficial publicado como Anexo I do Decreto nº 6.583 (que promulga o Acordo Ortográfico da Língua Portuguesa, formalizado em Lisboa em 16 de dezembro de 1990), assinado pelo Presidente Luiz Inácio Lula da Silva em 29 de setembro de 2008 e publicado no *Diário Oficial da União* de 30 de setembro de 2008, seção 1, p. 1-9.

K, W E Y: AS "NOVAS" INTEGRANTES DO ALFABETO PORTUGUÊS

O art. 1º da Base I do Acordo de 1990 nos informa que o alfabeto da língua portuguesa é constituído de 26 letras, entre as quais se encontram o "k", o "w" e o "y".

O texto prevê claramente um emprego muito restrito para essas três letras em português, as quais serão usadas nos três casos especiais listados nas alíneas "a" a "c" do art. 2º da Base I, a saber, em antropônimos e topônimos originários de outras línguas (alíneas "a" e "b", respectivamente), p. ex., em *Kafka/kafkiano, Darwin/darwinismo, Taylor/taylorismo, Kuwait/kuwaitiano* etc., e em siglas, símbolos e unidades de medida de uso internacional (alínea "c"), p. ex., *K* (símbolo químico do potássio, *kalium* em latim científico), *km* (símbolo de quilômetro), *W* (símbolo de oeste), *kW* (símbolo de quilowatt), *Yb* (símbolo químico do itérbio), *WC, BMW, KLM* etc.

Como se vê, trata-se de usos já previstos de longuíssima data, não tendo o Acordo Ortográfico de 1990 trazido nenhuma novidade.

A se acatar estritamente o que prevê esse documento, ficariam vedados aportuguesamentos do tipo "windsurfe", que tanto o *Vocabulário ortográfico da língua portuguesa* (*Volp*)[1], em sua 6ª edição, quanto os dicionários *Houaiss* (Houaiss; Villar, 2009) e *Aurélio* (Ferreira, 2010)[2] registram. De igual modo, uma palavra como "cartódromo", embora derivada do substantivo inglês *kart*, somente poderia ser escrita com "c", como faz o *Volp*. O dicionário *Aurélio*, no entanto, registra tão somente "kartódromo", ao passo que o *Houaiss* registra tanto "cartódromo" quanto "kartódromo". Com relação a tal aspecto, esse dicionário, no verbete "derivado", justifica sua opção por fazer constar também a grafia dessa palavra com "k" da seguinte forma:

> [...] os termos derivados de palavras estrangeiras com grafias estranhas ao português preservam, neste dicionário, as características da grafia original, de acordo com praticamente todas as convenções ortográficas do português estabelecidas entre o Brasil e Portugal: *behaviorimo* [*sic*], *byroniano, kepleriano, beaumôntia, wagneriano* etc.; este dicionário por vezes registra tb. formas mais aportuguesadas, quando existentes, mas como entradas remissivas (p. ex., *badeleíta:baddeleyita*). A regra só é quebrada no caso de vocábulos que desceram ao 'nível zero' da língua, popularizando-se: *dália* (e não *dahlia*, embora este seja o nome do classificador, o botânico sueco A. Dahl) [...] (Houaiss; Villar, 2009).

Nos dicionários gerais da língua portuguesa, a lista de entradas iniciadas por "k", "w" e "y" é bastante restrita, e nada indica que tenha se expandido após a vigência do Acordo de 1990.

[1] Disponível em: https://www.academia.org.br/nossa-lingua/busca-no-vocabulario. Acesso em: 31 jul. 2025.

[2] As edições do dicionário *Aurélio* (*Dicionário da língua portuguesa*) e do *Houaiss* (*Dicionário Houaiss da língua portuguesa*) são, quando isso não é explicitado, a 5ª (Ferreira, 2010) e a 1ª (Houaiss; Villar, 2009) respectivamente, ambas já em conformidade com o Acordo de 1990.

Associada ao emprego dessas três letras, mas não se prendendo exclusivamente a elas, temos como particularmente problemática a grafia dos topônimos, sobretudo os de origem estrangeira, e seus gentílicos, tendo em conta o tratamento que lhes dão os grandes dicionários do português.

Tomemos como exemplo o topônimo New York, cidade ou estado dos Estados Unidos, para o qual existe uma forma inteiramente aportuguesada e uma segunda, apenas parcialmente (Nova Iorque e Nova York, respectivamente), totalizando três grafias, sendo a última delas (a híbrida) a mais recorrente entre nós. Tanto o *Volp* quanto o *Aurélio* e o *Houaiss*, que não registram topônimos, apontam, no entanto, o gentílico relativo a essa localidade. No *Volp*, encontramos "nova-iorquino", "nova-yorkiense" e "neoyorkino". No *Houaiss*, há duas entradas para "nova-iorquino", a primeira em referência a Nova York/Nova Iorque (EUA) e a segunda em referência a Nova Iorque, cidade brasileira localizada no Maranhão. Para a primeira, o *Houaiss* menciona, ainda, no interior do verbete, a forma "nova-yorkino". O *Aurélio*, por sua vez, indica somente "nova-iorquino". Para expandir a lista de possibilidades, o *Dicionário de usos do português do Brasil*, de Francisco S. Borba (2002), registra "novaiorquino", sem hífen.

Como se vê, o tratamento lexicográfico de palavras derivadas de termos estrangeiros grafados com "k", "w" e "y" não é de todo coerente. Além disso, faltam-nos fontes que descrevam em detalhe a frequência e as condições de uso das diferentes formas. A partir de nossa experiência como usuários da língua, porém, sabemos que, se precisássemos do gentílico relativo a esse topônimo americano, "nova-yorkiense" e "neoyorkino", por exemplo, não seriam as primeiras escolhas. Consultas ao Google, ainda que não rigorosas, podem oferecer indícios das formas mais frequentemente utilizadas. Para textos acadêmicos – ou de outra natureza –, o Google Acadêmico também pode oferecer rapidamente pistas que orientem qual forma escolher.

TOPÔNIMOS E RESPECTIVOS GENTÍLICOS NOS DICIONÁRIOS GERAIS

Para o profissional do texto, certos topônimos, sobretudo os oriundos de línguas estrangeiras, podem dar – e efetivamente dão – origem a dúvidas e questionamentos.

Como já apontado, nossos dicionários, em geral, não registram topônimos como cabeças de verbete. Esses nomes são, no entanto, mencionados no interior dos verbetes que apresentam os respectivos gentílicos.

Assim, se buscamos nos certificar de como determinado dicionário grafa o nome de certo país, um bom caminho seria fazer a consulta pelo correspondente gentílico. Portanto, se desejamos saber se o *Houaiss*, por exemplo, utiliza a forma Kuwait ou Kuweit para se referir ao conhecido país da Península Arábica, fazemos a consulta pelo gentílico "kuwaitiano" e ficamos sabendo não só que ambas as grafias são válidas – embora não se indique qual delas é mais recorrente, onde e em que circunstâncias – , mas também que, além de "kuwaitiano", o gentílico relativo a esse país pode ser, ainda, "coveitiano" – forma que faz pressupor "Coveite" como nome do país). No *Grande dicionário Houaiss da língua portuguesa*, de 2001, ainda se encontram as formas "kowaitiano" e "koweitiano", suprimidas na edição do *Dicionário Houaiss da língua por-*

tuguesa (Houaiss; Villar, 2009). O *Aurélio* grafa "Kwait" e "Coveite", formas que podem ser encontradas na descrição dos gentílicos "kuwaitiano" e "coveitiano". Como se vê, uma dificuldade adicional pode surgir quando se trata de nomes com mais de uma forma, dada a significativa variação de grafias de fonte para fonte.

Obra diferenciada, produzida a partir de *corpora* da mídia impressa, o *Dicionário de usos do português do Brasil*, de Francisco S. Borba, de 2002, registra "kuaitiano" e "kuwaitiano" como adjetivos relativos a Kuwait, sendo que o primeiro desses gentílicos prevalece entre os exemplos que o autor fornece.

O *Aurélio* nos apresenta "coveitiano" como adjetivo referente ao substantivo "Coveite", ambos igualmente pouco ou nada usados (no Brasil, pelo menos). Talvez a opção por essa grafia se justifique por se tratar de formas de um tempo em que o "k", o "w" e o "y" não integravam oficialmente o alfabeto português. No interior do verbete, o dicionarista, explicando o que significa "Coveite", menciona ainda a forma "Kwait": "Do, ou pertencente ou relativo ao Coveite (Kwait, país da Arábia, no Golfo Pérsico)" (Ferreira, 2010).

Em se tratando de grafia de topônimos, nem sempre os dicionários são completamente confiáveis. Como ilustração, cito dois exemplos de falhas observadas no *Houaiss* (Houaiss; Villar, 2009):

(i) esse dicionário registra "estremense" como gentílico relativo à cidade de 'Estrema' (MG), formas que, na verdade, deveriam estar grafadas com 'x' , tal como se registra no IBGE (2011) e no *site* da prefeitura dessa mesma cidade (https://extrema.mg.gov.br/);

(ii) o gentílico "piuiense" remete a "Piui", outra cidade mineira, cujo nome encontra-se incorretamente grafado nesse dicionário (falha que também ocorre no *Aurélio*).

O problema, no caso (ii), é que ambas as grafias não reproduzem o 'u' nasalado presente tanto no substantivo quanto no adjetivo. Além disso, falta(ria) acento agudo no "i" final do nome da cidade, o qual, aliás, teve sua grafia alterada para "Piumhi" (lê-se piũ-i), a partir de 1998, conforme se vê no *site* da prefeitura dessa localidade (http://prefeiturapiumhi.mg.gov.br). Para concluir, ainda dois outros casos: Mossoró (RN) e Bagé (RS) têm como gentílicos no *Houaiss* respectivamente "mossoroense" – mas também "moçoroense", devido à origem tupi do nome da cidade – e "bageense", forma a evitar, segundo o dicionarista – mas também "bajeense", devido à origem guarani do nome da cidade.

TOPÔNIMOS EM OUTRAS FONTES DE CONSULTA

Se recorrermos à *Wikipedia*, veremos, no verbete "Kuwait"[3], que essa enciclopédia, cotejando fontes lexicográficas diversas, lista ainda como grafias possíveis para o nome desse país, além de Kuwait: Coveite, Cuaite, Koweit, Kuaite e Kuweit.

Quanto aos gentílicos, eles chegam ao número de dez: kuwaitiano(a), koweitiano(a), cuwaitiano(a), coveitiano(a), kowaitiano(a), kuweitiano(a), cuvaiti, kuwaiti, cuaitiano(a) e, ainda, cuvaitiano(a). A questão passa a ser, então, não como grafar, mas por qual grafia optar, o que exige do profissional do texto

[3] Disponível em: https://pt.wikipedia.org/wiki/Kuwait. Acesso em: 31 jul. 2025.

considerável discricionariedade. O *Volp* registra cuaitiano, cuvaitiano e coveitiano.

O *Dicionário de gentílicos e topónimos*, de orientação lusitana, disponível no Portal da Língua Portuguesa (http://www.portaldalinguaportuguesa.org), registra a grafia "Koweit" para o nome do país, apresentando como gentílicos as seguintes formas: cuwaitiano, kowaitiano e kuwaitiano.

Em consulta a *sites* diversos em língua portuguesa, foram encontradas 16 diferentes grafias (Coaite, Coeite, Couaite, Couuaite, Covaite, Coveite, Cuaite, Cuvaite, Kowait, Koweit, Kuait, Kuaite, Kuwait, Kuweit, Kwait e Quaite), algumas mais frequentes no Brasil, outras em outros lugares, algumas bastante raras. O fato é que palavras provenientes de outras línguas, muitas vezes de outros alfabetos e sistemas de escrita, são transliteradas e/ou aportuguesadas diferentemente em diferentes lugares e entram em competição entre si, cabendo à pessoa que escreve decidir qual forma utilizar.

No *site* do Itamaraty (https://www.gov.br/mre/pt-br/assuntos/Embaixadas-Consulados-Missoes) tem-se, em princípio, uma fonte fidedigna para quem busca esse tipo de informação. O *site* informa, por exemplo, que o nome oficial da Holanda é Reino dos Países Baixos, que tem como gentílico "neerlandês". Ali também se vê que, entre as representações diplomáticas de outros países, encontra-se a Embaixada do Kuwait, com essa grafia, a qual, nesse contexto, pode ser entendida como oficial. Não obstante, na página relativa às repartições consulares do Brasil[4], vê-se que nosso país tem um consulado no Kuaite, localizado na cidade do Kuwait...

[4] Disponível em: https://bit.ly/47n6jah. Acesso em: 31 jul. 2025.

Já no *site* do Ministério dos Negócios Exteriores de Singapura, encontra-se um registro relativo às grafias Cingapura/ Singapura, que informa:

> A grafia do nome do nosso país finalmente será unificada. Até agora, todos os dicionários aceitavam as duas grafias. No entanto, o Acordo Ortográfico de 1990 (que entrou em vigor apenas em 2009 e será obrigatório a partir de 1º de janeiro de 2016) determina a adoção da grafia "Singapura", pondo fim a uma dúvida comum entre os brasileiros. Então, a partir de 1º de janeiro de 2016, somente uma forma será correta: "Singapura"![5]

Se esse texto não decide a "guerra" de grafias, pelo menos deixa clara a opção da República de Singapura pela grafia de seu nome com a letra "s". A despeito disso, o embate continua.

O Acordo Ortográfico de 1990, em sua Base III, art. 3º, que cuida da homofonia dos grafemas consonânticos *s*, *ss*, *c*, *ç* e *x*, simplesmente lista, a título de exemplo, sem especificar condições de uso, palavras iniciadas por esses grafemas, entre as quais se encontra "Singapura", com "s", tal como se vem grafando tradicionalmente em Portugal a partir do *Formulário ortográfico de 1945*, não adotado no Brasil.

No Brasil, consultando o *Aurélio*, a pessoa interessada encontrará somente *singapurano* e *singapurense* como gentílicos relativos a Singapura. Já no *Houaiss*, encontrará apenas *cingapuriano* e *cingapurense*. O *Volp*, que até recentemente não registrava topônimos, apresenta Singapura, com essa grafia, informando como correspondente gentílico a forma *singapurense* e fazendo remissão ao *Vocabulário de topônimos*

[5] Disponível em: https://www.mfa.gov.sg/brasilia-portuguese. Acesso em: 31 jul. 2025.

e gentílicos[6], que pode ser consultado *online*. A par dessa forma, continua registrando *cingapurense* e *cingapuriano*, grafias igualmente indicadas pelo *Aulete digital*[7].

Em Portugal, o dicionário *online* Priberam[8], no verbete "singapurense", fornece uma lista mais completa: *cingapuriano, cingapurense, singapurano, singapurense* e *singapuriano*.

O elemento dificultador parece estar no fato de que os topônimos que se aportuguesam em Portugal nem sempre se aportuguesam aqui; além disso, o processo de aportuguesamento nem sempre se dá segundo os mesmos critérios em ambos os lados do Atlântico, como se verifica nos seguintes pares, em que a forma lusitana é contrastada com a utilizada no Brasil: Bagdad/Bagdade × Bagdá, Moscovo × Moscou, Estugarda × Stuttgart, Mogúncia × Mainz, Bordéus × Bordeaux[9], Lípsia × Leipzig, Banguecoque × Bangkok, Amesterdão × Amsterdã, Irão × Irã, Havai × Havaí, Baamas × Bahamas, Gronelândia × Groenlândia, Vietname × Vietnã etc. Para complicar, nem sempre as fontes de consulta sinalizam com clareza quais formas são prevalentes em quais localidades e em quais contextos.

Para solucionar dúvidas no que se refere particularmente às localidades brasileiras, o *site* do IBGE (https://cidades.ibge.gov.br/pesquisas) oferece informações seguras. Ali é possível encontrar listados, por Estados, os 5.570 municípios do país,

[6] Disponível em: https://bit.ly/4pczRhm. Acesso em: 31 jul. 2025.
[7] Disponível em: https://www.aulete.com.br/. Acesso em: 31 jul. 2025.
[8] Disponível em: https://dicionario.priberam.org/. Acesso em: 31 jul. 2025.
[9] É bem verdade que temos "bordô", aportuguesamento gráfico de *Bordeaux*, porém o termo é usado quase que exclusivamente em referência a determinado tom de vermelho-escuro, que lembra a cor do vinho *bordeaux* tinto.

com inúmeros dados acerca de cada um deles, inclusive os respectivos gentílicos. Para uma busca mais detalhada, pode-se recorrer ao *Índice de nomes geográficos*[10], também de responsabilidade desse órgão (IBGE, 2011), obra bastante completa, que arrola, em ordem alfabética, todos os elementos constantes na Base Cartográfica Contínua do Brasil ao Milionésimo (na escala 1:1 000 000, em que 1 cm no mapa corresponde a 10 km no território), incluindo não apenas nomes de municípios de todo o Brasil, mas de localidades menores, vilas, povoados, aldeias indígenas, alcançando também formas do relevo, rios, lagos etc. e mesmo parte dos conjuntos de nomes dos países vizinhos abrangidos pela base.

Já no plano internacional, uma referência importante é o *Vocabulário ortográfico comum da língua portuguesa* (*Voc*)[11], que conta, como consultores brasileiros, com Evanildo Bechara, da Academia Brasileira de Letras, e Carlos Alberto Faraco, da Universidade Federal do Paraná. O *Voc*, previsto no Acordo Ortográfico de 1990, abriga o *Vocabulário toponímico*, uma fonte de consulta bastante confiável, embora apresente também incompletudes, como seria de esperar.

Cabe discutir, por fim, a previsão constante no art. 5º da Base I do Acordo de 1990 (Brasil, 2008), segundo a qual "as consoantes finais grafadas b, c, d, g e t mantêm-se, quer sejam mudas, quer proferidas, nas formas onomásticas em que o uso as consagrou [...]", sem que haja qualquer indicação de qual ou quais dessas consoantes o uso (de quem) consagrou e em que circunstâncias isso se deu... Em seguida, o texto informa que, no topônimo "Madrid", a consoante final ora é

[10] Disponível em: https://bit.ly/4ndB0Dt. Acesso em: 7 abr. 2025.
[11] Disponível em: https://bit.ly/4mT3wdY. Acesso em: 7 abr. 2025.

pronunciada, ora não, sem especificar com clareza por quais grupos e onde. Sabemos que a tradição brasileira era – e continua sendo – grafar Madri sem o "d" final.

◇ ANTROPÔNIMOS

Nem tudo está dicionarizado, bem sabemos. Antropônimos transliterados, por exemplo, serão mencionados apenas caso o correspondente adjetivo derivado seja de uso corrente no português, a ponto de justificar sua presença em dicionários. Tomemos um sobrenome russo recorrente na área dos estudos da linguagem: Vygotsky (ou Vigotsky, ou Vygotski, Vigotski, ou ainda Vigotskii); na verdade, as cinco formas circulam entre nós e, não raro, algumas delas convivem lado a lado na mesma publicação, devendo o autor ser citado segundo a grafia empregada no título de cada obra referida. Diante disso, qual critério observar para formar um adjetivo derivado desse nome? Escreveríamos, por exemplo, vi(y)gotskiano ou vi(y)gotskyano? Por analogia ao tratamento dado pelo *Grande dicionário Houaiss da língua portuguesa* (Houaiss; Villar, 2001) ao nome "Chomsky", que resultou nos adjetivos "chomskiano" e "chomskyano", ambas as formas seriam possíveis, porém parece que a primeira é mais indicada quando se observa o texto do Acordo Ortográfico de 1990, em cuja Base V, art. 2º, alínea "c", que cuida das vogais átonas, lemos:

> Escrevem-se com *i*, e não com *e*, antes da sílaba tónica/tônica, os adjetivos e substantivos derivados em que entram os sufixos mistos de formação vernácula *-iano* e *-iense*, os quais são o resultado da combinação dos sufixos *-ano* e *-ense* com um *i* de origem analógica (baseado em palavras onde *-ano* e *-ense* estão precedidos de *i* pertencente ao tema: *horaciano,*

italiano, duriense, flaviense, etc.): *açoriano, acriano* (de *Acre*), *camoniano, goisiano* (relativo a Damião de Góis), *siniense* (de *Sines*), *sofocliano, torriano, torriense* [de *Torre(s)*] (Brasil, 2008).

Um levantamento realizado na versão eletrônica do *Houaiss* (Houaiss; Villar, 2009) ou do *Aurélio* (Ferreira, 2010), ainda que impreciso, mostra a produtividade da terminação "-iano" em contraste com "-eano": 664 contra 38, no primeiro caso, e 759 contra 34, no segundo, respectivamente. O *Aurélio*, mas não o *Houaiss*, registra ainda quatro ocorrências de adjetivos terminados em "-yano": deweyano (de John Dewey), harveyano (de William Harvey), rortyano (de Richard Rorty) e stravinskyano (de Igor Stravinsky).

Pela alínea "b", ainda do art. 2º dessa mesma Base, verifica-se que a terminação será "-eano" quando se tratar de derivados de palavras terminadas em 'e' tônico (Daomé/daomeano, Taubaté/taubateano, Guaxupé/guaxupeano) e mesmo em ditongo tônico cuja base seja "e", aberto ou fechado (Cor**ei**a/coreano, Galil**eu**/galileano, Montevid**éu**/montevideano).

O texto não trata, no entanto, de derivados de palavras com outras terminações ("e" átono, outras vogais, consoantes), caso em que se emprega, quase sempre, a terminação "-iano", por exemplo: Saussure/saussuriano, Acre/acriano[12], Goethe/goethiano, Baudelaire/baudelairiano, Rosa/rosiano, Freud/freudiano, Machado/machadiano etc. Dependendo de como termina o radical, temos acomodações gráficas: Eça/eciano,

[12] Não obstante previsão explícita no texto do Acordo, há na Academia Acreana de Letras quem prefira a manutenção do "e" final no gentílico, grafia que, afinal, após consulta pública na Assembleia Legislativa no Acre, passou a ser determinada pela Lei nº 3.148, de 27 de julho de 2016, que institui o termo "acreano" com "e" como o gentílico oficial do estado.

Strindberg/strindberguiano, Keyserling/keyserlinguiano, Rodrigues/rodriguiano etc.

Nem tudo, porém, deixa-se sistematizar tão facilmente assim. Distanciando-se dessas previsões, encontramos, no *Aurélio* e/ou no *Houaiss*, Victor Hugo/hugoano (mas também huguesco), Copérnico/copernicano (mas também coperniciano), Itu/ituano, Zimbábue/zimbabuano, Peru/peruano (mas também peruviano).

Voltando a Vigotsky – e a suas formas paralelas –, ainda que se opte pela terminação "-iano", restará uma dúvida com relação à primeira vogal – "i" ou "y"? No Google Acadêmico, prepondera a forma "vigotskiano", indício de que, no contexto acadêmico, as variações de grafia convergem nessa direção – o que não deixa de ser um critério para uma tomada de decisão por parte do profissional do texto.

O FIM DO TREMA

A supressão do trema, prevista na Base XIV do Acordo Ortográfico de 1990, representa alegadamente a eliminação de "mais um fator que perturba a unificação da ortografia portuguesa", conforme se lê no item 7.2 do Anexo II ao Decreto nº 6.583, de 29 de setembro de 1998, que contém nota explicativa do Acordo.

Na direção contrária, o art. 3º da Base I informa-nos que são mantidas, em palavras derivadas eruditamente de nomes próprios estrangeiros, quaisquer combinações gráficas ou sinais diacríticos não peculiares à nossa escrita que figurem nesses nomes, tais como a sequência "mt" em *comtista*, de *Comte*, "nb" em *gutenberguiano*, de Gutenberg, ou "ll" em *mülleriano*, com "u" que se mantém tremado por se tratar de derivado de um nome próprio em que se emprega esse sinal (Müller). Por esse raciocínio, outros sinais diacríticos não peculiares à nossa escrita (a palavra usada pelo Acordo é "quaisquer") – como o anel empregado sobre certas letras em algumas línguas germânicas da Escandinávia – estariam autorizados, o que legitimaria, por exemplo, para a unidade de comprimento equivalente a 10^{-10}, usada em física, a grafia "angström" (símbolo Å), a qual, aliás, encontra-se no *Houaiss*.

No que se refere especificamente ao trema, é de observar que esse sinal, a partir de 1º de janeiro de 2016, quando entrou efetivamente em vigor o sistema ortográfico previsto pelo Acordo Ortográfico de 1990, deixou de ser utilizado com valor diacrítico, sobrevivendo em nosso sistema ortográfico, contudo, como uma espécie de memória etimológica em determinadas palavras. Trata-se, agora, de mero adorno a sinalizar a origem (estrangeira) da palavra. Não instrui, no entanto, a pronúncia, sendo necessário que o leitor conheça, na língua de origem, como soa o nome a partir do qual se formou a palavra. Assim, para que o trema em "mülleriano" tenha alguma utilidade, é preciso saber, por outras vias, que, em alemão, o "u" tremado tem o mesmo som que o "u" francês, para, então, reproduzir esse som ou tentar uma aproximação com o português. De igual modo, para tirar proveito dos tremas em "tömösvariano", seria interessante conhecer a pronúncia do nome húngaro Tömösvary, que lhe deu origem. Senão, perguntamo-nos, para que trema, afinal?

Lembro, além disso, que, nos dicionários, o "u" tremado ainda tem a função de indicar que este é proferido nas sequências "gue", "gui", "que" e "qui", como em "quinquênio", cuja pronúncia o *Houaiss* indica da seguinte forma: \qü...qü\.

O "u" tremado sobreviverá ainda em citações literais e em referências a textos publicados antes da vigência do Acordo, assim como se empregam dígrafos do tipo "ph" e "rh" em textos do início do século XX e anteriores ou o acento grave indicando sílaba subtônica (como em "sòmente"), quando os textos citados são anteriores à reforma de 1971.

Não bastassem todos esses usos, o trema continua também entre nós incontornavelmente em nomes próprios e marcas comerciais (como é o caso dos sorvetes Häagen-Dazs ou dos automóveis Citroën.), cuja identidade integra. É o que prevê, aliás, a Base XXI do Acordo Ortográfico de 1990.

◇ ACENTUAÇÃO DAS OXÍTONAS E PAROXÍTONAS

Anteriormente ao Acordo Ortográfico de 1990, havia uma regra para os monossílabos tônicos e outra, ligeiramente diferente, para as oxítonas, a saber:

> **Monossílabos tônicos**: acentuam-se os monossílabos tônicos (com acento agudo ou circunflexo, conforme o timbre aberto ou fechado da vogal tônica, sinalizando-se, ainda, com til, as tônicas nasais) terminados em '-a' , '-e' e '-o', seguidos ou não de 's' . Ex.: pá(s), pé(s), pê(s), vó(s), vô(s), lã(s), põe(s), etc.
>
> **Oxítonas**: acentuam-se as oxítonas terminadas em '-a' , '-e' , '-o' , seguidas ou não de 's' , e também as terminadas em '-em' ou '-ens' . Ex.: babá(s), café(s), você(s), avó(s), avô(s), maçã(s), armazém, parabéns.

O texto do Acordo, seguindo a classificação dos gregos antigos, trata os monossílabos tônicos, acentuados graficamente ou não, como palavras oxítonas, porém as regras de acentuação diferenciadas para monossílabos tônicos e para vocábulos oxítonos (com duas ou mais sílabas) permanecem inalteradas, o que torna a descrição do sistema de acentuação gráfica para esses dois grupos de palavras um pouco mais complicada, sendo necessário falar em oxítonas com mais de uma sílaba (Base VII, art. 1º, alínea "c") para distinguir oxítonas propriamente ditas dos monossílabos tônicos.

Essa distinção fica clara nos dicionários *Aurélio* e *Houaiss*, para os quais o termo "oxítono" implica a existência de, pelo menos, duas sílabas, não subsumindo, portanto, os monossílabos tônicos, como se vê nas transcrições a seguir.

> **oxítono** (cs) [Do gr. *oxýtonos*, 'de som agudo' ; 'com acento agudo na última sílaba' .] Adjetivo. E. Ling. 1. Diz-se de vocábulo que tem o acento na última sílaba: café, jacarandá, maçom, português. [Sin., desus.: *agudo*.] Substantivo masculino. 2. Vocábulo oxítono (Ferreira, 2010, sublinhei).
>
> **oxítono** \cs\ *adj.s.m.* (1899) GRAM diz-se de ou vocábulo de duas sílabas ou mais cuja sílaba tônica é a última (p. ex.: *café, coração, também, tatu*) ■ ETIM gr. *oksútonos, os, on* 'de som agudo' ■ SIN/VAR agudo (Houaiss; Villar, 2009, sublinhei).

No que se refere às paroxítonas, que constituem a porção majoritária de nosso vocabulário, a regra de acentuação é, por uma questão de economia, justamente o oposto do que se prevê para as oxítonas. Em outros termos, acentua-se nas paroxítonas o que não se acentua nas oxítonas (e vice-versa), ou seja, acentuam-se todas as paroxítonas, exceto as terminadas em "-a", "-e", "-o", "-em" e "-ens". Por essa razão não se acentuam paroxítonas como *baba* (cf. *babá*), *bebe* (cf. *bebê*), *bobo* (cf. *bobó*), *item*, *itens*, *hifens*, *homem*, *nuvens* etc.

O Acordo prevê o acento gráfico nas paroxítonas terminadas em "-l" (*útil*), "-n" (*hífen*), "-r" (*éter*), "-x" (*tórax*) e "-ps" (*bí-*

ceps), mas a lista vai um pouco além[13], incluindo terminações tais como "**-ã(s)**" (*órfã, órfãs*); "**-ão(s)**" (*órfão, órfãos*); "**-ei(s)**" (*pônei, pôneis*); "**i(s)**" (*júri, júris, tênis*); "**-ia(s)**" (*séria, sérias*); "**-ie(s)**" (*série, séries*); "**-io(s)**" (*pátio, pátios*); "**-im**" (*baiânim*); "**ins**" (*baiânins*); "**-it(s)**" (*superávit, superávits*); "**-om**" (*iândom, rádom*)[14]; "**-on(s)**" (*elétron, elétrons, píton, pítons*); "**-um**" (*fórum*); "**-uns**" (*fóruns*); "**-u(s)**" (*hútu, hútus, vírus*).

No que concerne à acentuação das paroxítonas terminadas em "-n", observa-se não haver nenhuma referência à regra de acentuação de palavras desse tipo com terminação diferente de "-en", também relativamente escassas (p. ex.: *dólman, próton, elétron, nêutron* etc.). A diferença entre um grupo e outro é que as terminadas em "-en" não admitem o acento nas formas de plural (cf. hífen/hifens; abdômen/abdomens; líquen/liquens)[15], ao passo que aquelas em que o "n" é antecedido por outra vogal são acentuadas tanto no singular

[13] Há ainda uma lacuna que extrapola o Acordo Ortográfico de 1990, referente a palavras terminadas em "-am": nas formas verbais de 3ª pessoa do plural, lidas como paroxítonas, essa terminação representa um ditongo nasal; já os nomes e acrônimos (raros, é verdade) que apresentam essa mesma terminação são lidos como oxítonos, correspondendo essa sequência de letras, nesses casos, a uma vogal nasal. Isso fica mais claro quando se contrastam as duas situações: *tomam* (verbo) × *ianomam* (nome); *decepam* (verbo) × *nitrazepam* (nome); *discrepam* (verbo) × *diazepam* (nome); *interfiram* (verbo) × *dissulfiram* (nome); *comam* (imperativo do verbo "comer") × *Comam – Coordenadoria Geral da Marinha Mercante* – ou *Coltram - Comissão Latino-Americana de Transporte Marítimo*. Assim, todas as paroxítonas são acentuadas, exceto as terminadas em "**-a(s)**", "**-e(s)**", "**-o(s)**", "**-em**" e "**-ens**", bem como as formas verbais terminadas em "**-am**").

[14] Cf. nota explicativa da Comissão de Lexicologia e Lexicografia da ABL, de 9/4/2009, item 3. Disponível em: http://www.academia.org.br/sites/default/files/conteudo/nota_explicativa.pdf. Acesso em: 31 jul. 2025.

[15] Por um lapso, o texto do Acordo deixa de fazer referência à forma plural *liquens*, a exemplo do que faz com outros substantivos que apresentam mais de uma forma plural, como *cármen, dólmen, éden* e *lúmen*.

quanto no plural (dólman/dólmans; pídgin/pídgins; xênon/xênons, herôon/herôons[16], plâncton/plânctons).

Quanto à acentuação das vogais tônicas "i" e "u" nas oxítonas e paroxítonas, de que cuida a Base X, cabem aqui dois comentários relativamente ao que preveem os arts. 2º e 4º. Diz textualmente o art. 2º:

> As vogais tónicas/tônicas grafadas *i* e *u* das palavras oxítonas e paroxítonas não levam acento agudo quando, antecedidas de vogal com que não formam ditongo, constituem sílaba com a consoante seguinte, como é o caso de *nh, l, m, n, r* e *z*: *bainha, moinho, rainha; Adail, Paul, Raul; Aboim, Coimbra, ruim; ainda, constituinte, oriundo, ruins, triunfo;* at-rairn[17]. *demiuũrgo*[18], *influir, influirmos; juiz, raiz;* etc. (Brasil, 2008).

Há aí, a toda evidência, um lapso quanto ao "nh", pois esse dígrafo não teria como formar sílaba com a vogal anterior, visto que ocorre apenas em início de sílaba. É o que se pode constatar nos próprios exemplos fornecidos, aqui repetidos com suas respectivas divisões silábicas: *ba.i.nha*, *mo.i.nho*, *ra.i.nha*. São três trissílabos, todos três paroxítonos; há hiato nos três casos, e o "i" forma sílaba sozinho.

Vejamos, agora, o que diz o art. 4º: "Prescinde-se do acento agudo nas vogais tónicas/tônicas grafadas *i* e *u* das palavras paroxítonas, quando elas estão precedidas de ditongo: *baiuca, boiuno, cauila* (var. *cauira*), *cheiinho* (de *cheio*), *saiinha* (de *saia*)" (Brasil, 2008).

[16] Cf. nota explicativa da Comissão de Lexicologia e Lexicografia da ABL, de 9/4/2009, item 2. Disponível em: http://www.academia.org.br/sites/default/files/conteudo/nota_explicativa.pdf. Acesso em: 31 jul. 2025.

[17] Em lugar de *atrair*, forma desconfigurada pelo editor de texto, aparentemente.

[18] Em lugar de *demiurgo*, forma desconfigurada pelo editor de texto, aparentemente.

Nesse caso, é preciso especificar que o acento gráfico deixou de ser empregado apenas quando essas vogais são antecedidas de ditongo **decrescente**. Se o ditongo que as antecede for crescente, o acento deve permanecer, a fim de evitar que a sequência seja lida como tritongo, como ocorreria, por exemplo, com *guaíba*. Para as oxítonas, nada muda: *Piauí*, *teiú*, *teiús*, *tuiuiú*, *tuiuiús* etc. Quanto às grafias "cheiinho" e "saiinha", cabe dizer que, embora possíveis, não são correntes entre nós.

Ainda na Base X, merece discussão o art. 7º, transcrito mais adiante, que trata dos verbos "arguir" e "redarguir", por um lado, e de vários verbos terminados em "-guar" e "-quar", por outro. Os verbos "arguir" e "redarguir" são flexionados no *Houaiss* e no *Aurélio* como dissílabo (ar.guir) e trissílabo (re.dar.guir), respectivamente. Quer me parecer, entretanto, que, de modo geral, no português brasileiro, a sequência "ui" desses verbos é pronunciada – no infinitivo e em algumas de suas flexões – mais como hiato (ar.gu.ir, re.dar.gu.ir) que como ditongo (ar.guir, re.dar.guir), excetuados os casos em que o "u" é tônico [p. ex., *arguo* (ú), *arguis* (ú), *argui* (ú) etc.]. Teríamos, então, um segundo paradigma flexional para esses verbos – o que o *Aurélio* reconhece no interior do verbete "arguir". Isso implica duas possibilidades de pronúncia – e também de grafia –, lembrando que, nesses casos, o "u" tônico deixou de ser acentuado graficamente após a vigência do Acordo. Como consequência, uma mesma forma gráfica (*arguis*) pode corresponder a duas pronúncias: tu arg**u**is (ú) e vós argu**i**s (ü). Assim, no presente do indicativo, p. ex., ao lado das formas "argu**i**mos (ü)" e "argu**i**s (ü)", de 1ª e 2ª pessoa do plural, respectivamente, registradas nos dicionários, devemos considerar também as pronúncias/grafias "argu**í**mos (u-í)" e "argu**í**s (u-í)", efetivamente utilizadas no Brasil.

7º) Os verbos *arguir* e *redarguir* prescindem do acento agudo na vogal tónica/tônica grafada *u* nas formas rizotónicas/rizotônicas: *arguo, arguis, argui, arguem; argua, arguas, argua, arguam*. Os verbos do tipo de *aguar, apaniguar, apaziguar, apropinquar, averiguar, desaguar, enxaguar, obliquar, delinquir* e afins, por oferecerem dois paradigmas, ou têm as formas rizotónicas/rizotônicas igualmente acentuadas no *u* mas sem marca gráfica (a exemplo de *averiguo, averiguas, averigua, averiguam; averigue, averigues, averigue, averiguem; enxaguo, enxaguas, enxagua, enxaguam; enxague, enxagues, enxague, enxaguem*, etc.; *delinquo, delinquis, delinqui, delinquem*; mas *delinquimos, delinquís*)[19] ou têm as formas rizotónicas/rizotônicas acentuadas fónica/fônica e graficamente nas vogais *a* ou *i* radicais (a exemplo de *averíguo, averíguas, averígua, averíguam; averígue, averígues, averígue, averíguem; enxáguo, enxáguas, enxágua, enxáguaim*[20]; *enxágue, enxágues, enxágue, enxáguem; delínquo, delínques, delínque, delínquem; delínqua, delínquas, delínqua, delinquám*[21]) (Brasil, 2008).

Quanto aos verbos terminados em "-guar" e "-quar", a vogal tônica, nas formas rizotônicas, pode ser tanto a que antecede essas terminações (*enxáguo, averígua, adéquam* etc.), uso predominante no Brasil, quanto o 'u' que se segue ao "g" ou ao "q" (*enxaguo, averigua, adequam* etc.), uso predominante em Portugal.

[19] A forma verbal "delinquís" encontra-se indevidamente acentuada. Não há aqui justificativa para o acento gráfico, visto que, nas formas arrizotônicas desse verbo (*delinquimos, delinquis*), somente o *i* é tônico. Veja-se, a esse respeito, o que diz o item 5.4.4. do Anexo II: "No caso de formas verbais como *argui, delinquis*, etc., também não há justificação para o acento, pois se trata de oxítonas terminadas no ditongo tónico ui, que como tal nunca é acentuado graficamente" (sublinhei).

[20] Por um lapso, em lugar de "enxáguam".

[21] Por um lapso, em lugar de "delínquam".

O HÍFEN: AINDA E SEMPRE UM PROBLEMA

São duas as situações a se examinar: o emprego do hífen (i) na formação de palavras por derivação – processo que pode ser entendido, de modo geral, como o acréscimo de prefixos e/ou sufixos a uma base para formar novas palavras – e (ii) na formação de palavras por composição, situação em que uma palavra se une a outra(s) ou a determinado(s) elemento(s) de composição para formar uma nova palavra. *Grosso modo*, esse sinal, cujo emprego era já limitado nesses dois casos, passou a ser ainda menos usado após a vigência do Acordo Ortográfico de 1990.

Se, por um lado, o hífen deixou de ser usado em muitos casos de formação de palavras por derivação e por composição, por outro, manteve sua função de anexar a verbos os pronomes pessoais oblíquos átonos quando enclíticos (*vive-se*, *encontramo-nos* etc.) ou mesoclíticos (*exigir-se-á*, *realizar-se-ão* etc.), bem como a de indicar partição de palavras na translineação, encampando ainda uma função antes atribuída ao travessão – indicar encadeamentos vocabulares, conforme previsto no art. 7º da Base XV (a divisa *Liberdade-Igualdade-Fraternidade*, o voo *Belo Horizonte-Buenos Aires*, p. ex.). Além disso, o hífen é usado, entre outros casos, para indicar encadeamentos temporais, unindo momento inicial e momento final (o triênio 2000-2002, p. ex.).

O hífen na formação de palavras por composição

O Acordo realiza, nas Bases XV e XVI, a regulamentação do emprego do hífen. A primeira delas cuida dele em palavras formadas por composição, em locuções e em encadeamentos vocabulares; a segunda descreve o emprego desse sinal em palavras formadas por prefixação, recomposição e sufixação. Eis a dicção do art. 1º da Base XV:

> 1º) Emprega-se o hífen nas palavras compostas por justaposição que não contêm formas de ligação e cujos elementos, de natureza nominal, adjetival, numeral ou verbal, constituem uma unidade sintagmática e semântica e mantêm acento próprio, podendo dar-se o caso de o primeiro elemento estar reduzido: *ano-luz, arcebispo-bispo, arco-íris, decreto-lei, és-sueste, médico-cirurgião, rainha-cláudia, tenente-coronel, tio-avô, turma-piloto; alcaide-mor, amor-perfeito, guarda-noturno, mato-grossense, norte-americano, porto-alegrense, sul-africano; afro-asiático, afro-luso-brasileiro, azul-escuro, luso-brasileiro, primeiro-ministro, primeiro-sargento, primo-infeção, segunda-feira; conta-gotas, finca-pé, guarda-chuva.*
> Obs.: Certos compostos, em relação aos quais se perdeu, em certa medida, a noção de composição, grafam-se aglutinadamente: *girassol, madressilva, mandachuva, pontapé, paraquedas, paraquedista*, etc. (Brasil, 2008).

Da leitura do texto se compreende que o hífen deixou de ser usado em palavras compostas que contenham formas de ligação, tais como preposições (p. ex.: *pé de moleque*), pronomes (p. ex.: *não me toques*) e conjunções (p. ex.: *tomara que caia*).

Vê-se, porém, logo adiante, no art. 3º, que não sofreram perda do hífen as palavras compostas que dão nome a espécies botânicas e zoológicas (*fava-de-santo-inácio, ervilha-de-cheiro, lesma-de-conchinha*; *bem-te-vi, bem-me-quer* etc.). Eis o que diz o referido art. 3º: "Emprega-se o hífen nas palavras compostas que designam espécies botânicas e zoológicas, <u>estejam ou não ligadas por preposição ou qualquer outro elemento</u> [...]" (Brasil, 2008, destaque meu).

Além disso, quando se examinam os exemplos constantes na alínea "d" do art. 1º da Base XVIII, que cuida do emprego do apóstrofo, percebe-se que também não perderam o hífen os compostos (ainda que não pertencentes à botânica ou à zoologia) em que o elemento de ligação é a palavra "de", nos quais o apóstrofo marca a elisão do "e" nessa preposição, em combinação com substantivos (*estrela-d'alva, mãe-d'água* etc.).

O art. 1º da Base XV, anteriormente transcrito, menciona ainda a possibilidade de o primeiro elemento encontrar-se reduzido, caracterizando-se como forma presa. Depreendem-se, a partir dos exemplos que fornece, as seguintes ocorrências de primeiros elementos reduzidos: *és* (= este/leste), *afro* (= africano), *luso* (= lusitano), *primo* (= primeiro). Examinando--se outros exemplos, vê-se que o tratamento não é o mesmo para todas as formas reduzidas, as quais, em sua maioria, justapõem-se **sem hífen** à palavra subsequente, como ocorre, por exemplo, com o elemento "verbo" (forma reduzida do adjetivo 'verbal'), que se liga sem hífen à palavra subsequente: *verbonominal, verbossubstantivo, verbotonal, verbovisual* etc. ou com "socio" (forma reduzida de social"), que igualmente se prende sem hífen ao elemento com o qual se combine: *socioeconômico, sociolinguístico, sociopolítico* (mas *sócio-organizacional*, por causa das letras gêmeas, e, menos justificadamente, *sócio-habitacional* e *sócio-histórico*, por causa do "h") etc. Essa, sim, é a regra mais abrangente para a grande maioria das formas presas, as quais, como já diz o nome, permanecem presas – sem hífen – à palavra a que se acoplam.

Chamo a atenção aqui sobre o tratamento excepcional dado às formas presas relativas a gentílicos em composições com outros gentílicos (*teuto-brasileiro, anglo-australiano, euro-asiá-*

tico, *luso-afro-brasileiro* etc.), após as quais o hífen é sempre usado, diferentemente dos casos em que o gentílico reduzido não se prende a outro gentílico (*teutomania*, *anglofalante*, *eurodólar* etc.), sendo grafado sistematicamente sem hífen. Em outros termos, em se tratando de gentílicos, usa-se o hífen após formas presas somente quando se combinam duas ou mais etnias.

Quanto à observação que se segue ao art. 1º, que trata de exceções à regra geral, é preciso admitir que redatores, revisores e outros profissionais do texto não têm – nem o texto do Acordo os fornece – critérios para decidir se determinado composto – ainda que "em certa medida"[22] – terá perdido ou não a noção de composição (como se essa perda se desse por si só, e não na cabeça desse ou daquele usuário). Por essa razão, a Comissão de Lexicologia e de Lexicografia da Academia Brasileira de Letras optou por considerar exceções (cf. Bechara, 2009) tão somente os compostos explicitados pelos Acordo. Se examinarmos com cuidado, porém, veremos que a novidade incide somente sobre o vocábulo "paraquedas" e seu derivado "paraquedista", aos quais, por coerência, poderemos acrescentar outros derivados (paraquedístico, paraquedismo etc.). Os demais exemplos (*girassol, madressilva, mandachuva, pontapé*) já eram grafados – entre nós, pelo menos – sem hífen, não havendo razão para seus derivados serem hifenizados. Outros compostos que já vinham sendo grafados sem hífen anteriormente ao Acordo – e é preciso verificar sempre nas fontes de consulta, caso a caso – mantêm suas grafias (*rodapé*, *parapeito*, *passatempo* etc.).

[22] "Em certa medida": o texto do Acordo modaliza assim, cabendo ao leitor descobrir que medida é essa.

Em síntese, muito pouco mudou no emprego do hífen quando se trata da formação de palavras por composição da qual não participe elemento de ligação, com exceção de "paraquedas" e seus derivados, que passaram a ser grafados de forma justaposta, mas não outros compostos nos quais participa o mesmo elemento de composição "para-"[23], com o mesmo valor semântico ("que protege contra"): *para-raios, para-brisa, para-lama, para-fogo, para-choque* etc. Como se vê, na busca por consistência, conseguiu-se um pouco de inconsistência... Os demais casos de perda do hífen em palavras compostas foram basicamente aqueles em que ocorrem formas de ligação, mas que não são denominações da botânica ou da zoologia. Por exemplo, *lava a jato, mão de obra, ponto e vírgula, bicho de sete cabeças, tomara que caia* etc. Além destes, um pequeno grupo de palavras perdeu o hífen, como a sequência "não + substantivo" e formas em que o hífen distinguia classes gramaticais, como em "à-toa" (adj.) × "à toa" (adv.) ou "dia-a-dia" (s.) × "dia a dia" (adv.). Essa última mudança teve tratamento lexicográfico diferenciado quando se comparam os dicionários *Aurélio* e *Houaiss*. O *Aurélio* trata "bico-de-papagaio" (nome de planta) e "bico de papagaio" (nariz adunco ou osteófito na coluna vertebral) como substantivos, constituindo entradas autônomas, ao passo que o *Houaiss* trata apenas "bico-de-papagaio" como substantivo, apresentado como cabeça de verbete.

[23] Situação diferente temos no galicismo *parapente*, já aportuguesado, palavra formada de *para* + *pente*, em que "para-" é o que o Acordo Ortográfico de 1990 chamaria de pseudoprefixo, ou seja, uma forma reduzida utilizada como prefixo nas palavras formadas por recomposição. Em *parapente*, "para-" é um pseudoprefixo formado a partir da redução do francês *parachute* (que significa "paraquedas"), ao passo que *pente* significa "encosta", "aclive". Portanto, um parapente é um "paraquedas de encosta", um paraquedas lançado a partir de uma encosta, de uma rampa, de um aclive.

Nesse dicionário, as palavras compostas com elemento de ligação que perderam seus hifens[24] passaram a ser consideradas locuções. Por isso, o substantivo "bico de papagaio" deverá, no *Houaiss*, ser procurado na lista de locuções do verbete "bico". De igual modo, "pé de moleque" deverá ser procurado em "pé", "não me toques" em "tocar", "tomara que caia" em "cair" e assim por diante. Examinando-se o *Volp*, vê-se que aí essas palavras foram mantidas em suas antigas classes gramaticais, o que faz todo o sentido, uma vez que, independentemente do estabelecido no Acordo Ortográfico de 1990, substantivos como "pé de moleque" continuam sendo substantivos, tanto na fala quanto na escrita (com ou sem hifens), o mesmo se verificando com palavras de formação semelhante.

Benfeito × bem-feito × bem feito!

Como curiosidade, cabe aqui lembrar a descrição constante na observação que se segue ao art. 4º da Base XV, a saber: "Obs.: Em muitos compostos, o advérbio *bem* aparece aglutinado com o segundo elemento, quer este tenha ou não vida à parte: *benfazejo, benfeito, benfeitor, benquerença* etc." (Brasil, 2008).

No texto do Acordo, a palavra "benfeito" ocorre duas vezes: a primeira, com inicial maiúscula, na Base VII, art. 3º, alínea "b", item "ii"; a segunda, na observação que acompanha o art. 4º da Base XV. Nesse artigo, fica claro que, quando

[24] O art. 6º da Base XV do Acordo Ortográfico de 1990 lista sete exceções, tidas como "já consagradas pelo uso", acolhidas pelo *Volp* e pelos dicionários em geral sem maiores discussões. São elas: *água-de-colônia* (mas não *água de cheiro*, sua equivalente), *arco-da-velha* (mas não *arco da aliança, arco da chuva, arco de deus*, suas sinônimas), *cor-de-rosa, mais-que-perfeito, pé-de-meia, ao deus-dará* e *à queima-roupa*.

formar com elemento subsequente iniciado por vogal ou "h" uma unidade sintagmática e semântica, o advérbio "bem" será unido a este por meio de hífen. Pode-se, talvez, concluir que, nos demais casos, "bem" será grafado de forma justaposta – o texto do Acordo usa a palavra "aglutinada" –, sem hífen. É preciso considerar que essa "unidade sintagmática e semântica" não é facilmente reconhecível por leigos – e mesmo por *experts* – nem é objeto de consenso. É possível que nem todos percebam unidade sintagmática e semântica na sequência "bem + educado" ao ouvirem frases como as seguintes:

(i) *na Itália, Chico foi bem educado (recebeu boa educação) por seus pais;*

(ii) *onde quer que esteja, Chico é sempre bem-educado (cortês, gentil) com todos.*

Um exemplo nos dicionários: *Aurélio* e *Houaiss* (e também o *Volp*) registram o adjetivo "malpassado", mas não dão acolhida a "bem-passado", termo absolutamente trivial, seu antônimo. Essa forma, no entanto, encontra-se consignada no *Michaelis*[25].

Logo em seguida, numa atitude hesitante entre a descrição e a prescrição, o texto do Acordo esclarece que o advérbio "bem" **pode** (como se dotado de vontade própria) não se aglutinar com palavras começadas por consoante, do que são exemplos: *bem-criado*, *bem-ditoso*, *bem-falante*, *bem-mandado*, *bem-nascido*, *bem-soante* e *bem-visto*. E aqui poderíamos per-

[25] **Bem-passado** bem-pas·sa·do adj cul Diz-se de alimento, especialmente carne, que foi muito cozido, muito assado ou muito frito. informações complementares Pl: bem-passados. Antôn: malpassado. etimologia *voc comp.* Disponível em: https://michaelis.uol.com.br/palavra/3MMa/bem-passado/. Acesso em: 17 abr. 2025.

feitamente acrescentar o adjetivo *bem-feito*, sinônimo de "feito com esmero", "caprichado" "bem-elaborado", "bem-acabado" ou ainda "bem-conformado", "de belas formas".

Na observação que se segue ao art. 4º, o texto do Acordo Ortográfico de 1990 informa que, "em muitos compostos, o advérbio *bem* aparece aglutinado com o segundo elemento, quer este tenha ou não vida à parte", isto é, independentemente de o segundo elemento ser forma presa ou livre, encontrando-se entre os exemplos formas como *benfazejo, benfeito, benfeitor* e *benquerença.*

Até sua 5ª edição, o *Volp* (Academia Brasileira de Letras, 2009) registrava como substantivo masculino apenas a palavra "benfeito", sinônimo um tanto desusado de "melhoria", "benfeitoria" (p. ex., em: *Os benfeitos valorizaram o imóvel.*). Estava ausente desse vocabulário, bem como do *Houaiss* e do *Aurélio*, que o seguiram, o adjetivo "bem-feito". No *Aurélio*, "benfeito", antônimo de "malfeito", entra como adjetivo, significando, entre outras coisas, "de belas formas; de proporções perfeitas", do que seria exemplo "corpo benfeito". Esse dicionário, além de remeter à interjeição "bem feito", informa que, tanto no Brasil quanto em Portugal, "a forma da tradição lexicográfica era *bem-feito*" (Ferreira, 2010). O *Houaiss* apresenta para o adjetivo "benfeito" definição semelhante à do *Aurélio*, oferecendo como exemplo o sintagma "seios benfeitos". O lusitano *Priberam* segue na mesma linha, classificando "benfeito" como adjetivo e fornecendo como exemplos de uso "corpo benfeito" e "trabalho benfeito". Quem limita sua consulta a esses dicionários pode ter a sensação de que não há outra possibilidade de grafia para essa palavra.

A interjeição de aplauso, geralmente utilizada com valor irônico, "bem feito!" pode ser encontrada nesses dicionários como locução, no interior dos verbetes "feito[3]" e "feito[2]", respectivamente.

Trata-se visivelmente de uma lacuna, a qual Bechara (2010), em seu *Novo dicionário de dúvidas da língua portuguesa*, busca suprir, dedicando-lhe um verbete. A falha somente foi corrigida pelo *Volp* em sua 6ª edição, de 2021. Cabe observar que a forma "benfeito" continua integrando essa obra, como adjetivo e como substantivo masculino.

O hífen na formação de palavras por derivação

Se buscássemos uma regra geral para o emprego do hífen, poderíamos arriscar algo como: "Não se emprega o hífen", visto que, de modo geral, sobretudo nos casos de formação de palavras por derivação, esse sinal mais não se usa do que se usa (*contracheque*, *anticárie*, *subsolo*, *sobreloja*, *multiúso*, *infraestrutura*, *ultravioleta* etc.). Em seguida, essa regra poderia ser refinada com o arrolamento de situações de exceção, sendo a principal delas o que poderíamos chamar de "letras gêmeas", ou seja, o encontro de letras idênticas (vogais ou consoantes), verificável nos casos em que o primeiro elemento, quer se trate de forma reduzida, quer de prefixo, termina com a mesma letra com que se inicia a palavra subsequente (*têmporo-occipital, sócio-organizacional, micro-ondas*, *anti-infeccioso, contra-ataque* etc.). Há uns poucos casos de exceção, abordados mais adiante.

Discutiremos, em seguida, alguns casos de derivação por prefixação. Segundo a alínea "a" do art. 1º da Base XVI, o hífen é empregado nas formações em que o segundo elemento começa por "h". Entre os exemplos indicados no texto do Acordo encontram-se *sub-hepático* e *geo-história.*

O *Aurélio* grafa "sub-hepático", remetendo o consulente a "subepático" (para o qual indica como forma variante – por evidente lapso – "sub-hemisférico"). O *Houaiss* e o *Aulete Digital* indicam também as duas grafias. No *Volp* e no *Vocabulário Ortográfico do Português* (*Vop*)[26], apenas a forma "sub-hepático" é encontrada.

Houaiss, *Aurélio* e *Volp*, a par de *geo-história*, registram também *geoistória* e *geistória*, tal como faz o *Vop.* O *Aulete Digital*, contudo, registra *geo-história* e *geistória*, mas não *geoistória.*

Há um descompasso entre a flexibilidade das formas dicionarizadas e o rigor da regra contida nessa alínea, demasiado categórica e nem sempre observada à risca. Num levantamento realizado na 5ª edição do *Volp*, em busca de palavras iniciadas pelo prefixo "sub-" seguido de palavras iniciadas por "h", encontramos oito ocorrências: *sub-hepático, sub-hidroclorato, sub-hirsuto, sub-híspido, sub-horizontal, sub-horizonte, sub-humanidade* e *sub-humano.* Seis destas, no entanto – ou seja, 75% –, apresentam também, no mesmo *Volp*, uma grafia paralela, sem hífen (e sem "h"): *subepático, subidroclorato, subirsuto, subíspido, subumanidade* e *subumano.*

O que haveria de especial com as grafias *suborizontal* e *suborizonte* para não terem integrado essa segunda lista? Indagado sobre a ausência dessas duas palavras no *Volp*, Bechara, em artigo[27] publicado no jornal *O Dia*, em 11 de março de 2012, presta o seguinte esclarecimento:

[26] Disponível em: https://bit.ly/4m0arka. Acesso em: 1º ago. 2025.
[27] Disponível em: https://bit.ly/427GiIu. Acesso em: 1º ago. 2025.

> Outro leitor reclama a omissão de registro no VOLP da dupla possibilidade de grafia de 'suborizonte' e 'suborizontal' , como fez em 'sub-hepático'/'subepático' e 'sub-humano'/'subumano' , conforme procedimento dos Acordos de 1943 (do lado brasileiro) e 1945 (do lado português). Estabelecido o princípio ortográfico geral, a natureza de um vocabulário como o VOLP o desobriga de registrar todas as opções possíveis dentro da regra geral. **Se não ocorreu a forma ´suborizonte´ no acervo lexical que serviu de base ao VOLP, ela não teve entrada na obra, o que não significa sua inexistência nem que a grafia esteja errada** (Bechara, 2012, destaque meu).

Como se vê, a regra geral a ser depreendida poderia ser a da facultatividade do emprego do hífen em palavras com o prefixo "sub-" seguido de elemento iniciado por "h". Adotando esse raciocínio, poderíamos concluir que, apesar de não dicionarizadas, seriam formas possíveis: *sub-harmônico* ou *subarmônico*, *sub-hidratação* ou *subidratação*, *sub-habitar* ou *subabitar* (forma registrada pelo *Aulete Digital*), *sub-higiene* ou *subigiene*, *sub-hipotecado* ou *subipotecado* etc. Curiosamente, o *Volp*, em sua 6ª edição, eliminou as formas *subepático*, *subumano* e *subumanidade*. Das palavras anteriormente mencionadas, mantiveram a dupla grafia/pronúncia apenas *sub-hidroclorato/subidroclorato*, *sub-hirsuto/subirsuto* e *sub-híspido/subíspido*. Com *subemisférico* ocorre o contrário, isto é, apenas a forma sem hífen e sem "h" encontra-se registrada no *Volp*, possivelmente por um lapso. A forma hifenizada (*sub-hemisférico*) e a não hifenizada (*subemisférico*), entretanto, podem ser encontradas tanto no *Aurélio* quanto no *Houaiss*.

No mesmo texto anteriormente citado, Bechara (2012) observa, logo em seguida, que a aglutinação de "sub-" à palavra subsequente, sem a utilização de hífen – e com a consequente supressão do "h" –, é mais recorrente na terminologia técnica e científica, o que pode ser levado em conta, em alguma medida, por revisores e redatores ao tomarem suas decisões. Eles deverão igualmente estar atentos ao realizarem consultas. É preciso verificar se outros resultados, além dos encontrados numa primeira busca, não foram – ou não poderiam ser – também contemplados nos vocabulários ortográficos e dicionários.

Fugindo à regra: prefixos "an-" "co-" "des-" "in-" e "re-", sempre sem hífen

Contrariando a regra segundo a qual o hífen é empregado nas formações em que o segundo elemento começa por "h", temos os prefixos "an-", "co-", "des-", "in-" e "re-": *anistórico, coabitar, desumano, inábil, reidratar.* Pode-se mesmo dizer, aliás, a julgar pelo exemplário fornecido pelo *Volp*, que esses prefixos sempre se justapõem à palavra seguinte **sem o emprego do hífen**. Isso se verifica até mesmo nos casos em que a palavra subsequente começa com a mesma letra com que termina o prefixo: *reeditar, coobrigado, cocoordenador, dessalgar* etc. Ou seja, tais prefixos não escapam nem mesmo à regra das "letras gêmeas".

Entre os casos anteriormente listados, merece ainda discussão o prefixo "co-", presente na palavra *co-herdeiro*, que compõe a lista de exemplos da alínea "a" do art. 1º da Base XVI. No Brasil, o dicionário *Houaiss* registra *co-herdeiro* a par de *coerdeiro*. Já o dicionário *Aurélio* e o *Volp*, bem como o *Aulete Digital*, registram somente a forma *coerdeiro*, a despeito da previsão explícita no texto do Acordo Ortográfico de 1990. Em Portugal, no entanto, o *Vop* faz o contrário, registrando apenas *co-herdeiro*. A posição adotada no Brasil é defensável, pois, de fato, seria contraditório que apenas *co-herdar* e *co-herdeiro* conservassem o hífen e o "h", enquanto estes são eliminados em formações semelhantes, como "coabitar" ou "coonestar".

Um caso à parte: o prefixo "trans-"

Por muito pouco, o prefixo "trans-" – do qual o Acordo Ortográfico de 1990 não trata – deixou de integrar a lista apontada no tópico anterior. De modo geral, esse prefixo se prende sem hífen a todas as palavras que a ele se seguem: *transamazônico, transeuropeu, transindochinês, transnacional, transoceânico, transregional, transuretral*. Isso se verifica mesmo quando a palavra seguinte começa com a letra "h" – que é suprimida: *transispânico, transarmônico, transumano, transistórico* etc. Essa última palavra – e somente ela – é também registrada no *Volp* com a grafia *trans-histórico*, confirmando certo apego à forma gráfica das palavras, principalmente quando iniciadas por "h", o que não deixa de ser um apego ao etimologismo em nossa ortografia.

Observo que, quando a palavra subsequente ao prefixo "trans-" começa com "s" a derivada se grafa com apenas um "s", o qual soa 'ss' [*transiberiano* (si), *transecular* (se), *transaariano* (sa), *transexual* (se), p. ex.]. Nos casos em que a palavra subsequente a esse prefixo se inicia com vogal, "h" ou consoante sonora, esse "s" soa como "z" [transamazônico (za), transumanar (zu), transgênero (zgê), p. ex.]. Podemos ver que aqui não é válida a regra segundo a qual o hífen é empregado quando a palavra que vem após o prefixo começa com a mesma letra com que este termina. O Acordo Ortográfico de 1990 parece ter seguido tacitamente o que se lê na observação 1ª que acompanha a letra "g" do item 36 do Formulário Ortográfico de 1943, a seguir transcrita.

> OBSERVAÇÃO 1.ª — É sonoro o *s* de *obséquio* e seus derivados, bem como o do prefixo *trans*, em se lhe seguindo vogal, pelo que se deverá indicar a sua pronúncia entre parênteses: quando, porém, a esse prefixo se segue palavra iniciada por *s*, só se escreve um, que se profere como se fora dobrado: *obsequiar* (ze), *transoceânico* (zo); *transecular* (se), *transubstanciação* (su), etc. (Academia Brasileira de Letras, 2009, p. LXXVI).

Referindo-se a "trans-", o dicionário *Houaiss* (Houaiss; Villar, 2009), em sentido contrário, informa: "[...] este pref., extremamente prolífico, só se liga com hífen à palavra iniciada por *h*; [...]". Entretanto, a obra não apresenta exemplos que confirmem essa regra.

◇ CONSIDERAÇÕES FINAIS

Um dos efeitos da pretendida unificação ortográfica foi a multiplicação de formas paralelas, nas quais, curiosamente, preserva-se a identidade gráfico-prosódica de cada variedade linguística (seria o caso de dizer "de cada língua"?), a contrapelo do desejo de unificar. É preciso reconhecer que, se é verdade que se buscou eliminar fatores perturbadores da unificação da ortografia portuguesa, como se afirma do trema, no item 7.2 do Anexo II, é também verdade que a manutenção de grafias paralelas – das quais o texto do Acordo é repleto –, com acentuações distintas a marcar o timbre aberto ou fechado das vogais (*ténis* × *tênis*, *fémur* × *fêmur*, *ónix* × *ônix*, *pónei* × *pônei* etc.) vai na direção oposta, reafirmando a não unificação – a não unificabilidade? – ortográfica da(s) língua(s) portuguesa(s). Outras pronúncias/grafias paralelas (*ex-*

petativa × *expectativa*, *aceção* × *acepção*, *arimética* × *aritmética* etc.), além de multiplicarem o número de entradas nos dicionários gerais, vêm nos lembrar de que nenhuma língua permanece indefinidamente igual a si própria. O destino de todas elas é variar e mudar.

É importante termos em mente o significativo papel desempenhado não só por ortógrafos e lexicógrafos, mas também por tradutores – que, muitas vezes, introduzem no português formas antes ausentes na língua, as quais, mais tarde, estarão nos dicionários –, redatores e particularmente por revisores, importantes agentes do estabelecimento, da preservação e da difusão de um padrão ortográfico. É também, em grande parte, a partir das escolhas desses profissionais que se constitui e se sedimenta o que se costuma chamar de norma-padrão.

Diante da duplicidade ou mesmo da pluralidade de formas para um mesmo referente, é preciso considerar primeiramente que o simples fato de serem sinônimas não as torna totalmente comutáveis, o que, de resto, ocorre com quase todos os sinônimos. Algumas são mais usuais em determinados espaços que outras, ou mais adequadas a determinados gêneros, ou mais compatíveis com determinado público leitor, ou mais caras a determinado campo de estudos etc.[28]

[28] Cito, como ilustração, o termo inglês *literacy*, equivalente ao francês *littéracie* (mais usual na França) ou *littératie* (mais usual no Canadá) – que os tradutores não familiarizados com a área dos estudos da linguagem tendem a traduzir por "alfabetização" –, formas correspondentes, em português, no meio acadêmico, a "letramento" ou "literacia", que, porém, não são livremente intercambiáveis. Quando se consultam textos especializados, pode-se verificar que "letramento" é absolutamente predominante no Brasil, sendo que, em Portugal, "literacia" tem a preferência.

É necessário levar em conta, portanto, não apenas a exatidão dos termos escolhidos, mas suas condições de uso. Para um mesmo problema cardíaco, encontramos, no *Aurélio* e no *Houaiss*, quatro denominações distintas: *enfarte*, *enfarto*, *infarte* e *infarto*. Por qual delas optar? Certamente haverá, na área médica de cada país falante do português, um uso prevalente. Para esse e para casos semelhantes de outras áreas acadêmicas, nem sempre a decisão poderá ser dada pelos dicionários gerais. Aparentemente, as formas com "e" inicial são preferidas em Portugal. O *Dicionário médico Climepsi* (Fonseca *et al.*, 2012), p. ex., registra "enfarte do miocárdio". No Google Acadêmico, a forma mais recorrente é "infarto", cuja frequência é cerca de vinte vezes maior que a de "enfarte". Já "infarte" e "enfarto" são, nessa fonte, muito pouco encontradas.

A duplicidade ou, em alguns casos, a multiplicidade de grafias paralelas exige do profissional do texto particular atenção nas consultas. O fato de determinada grafia encontrar-se consignada no *Volp*, no *Vop*, no *Voc* ou em grandes dicionários não significa que seja ela a única possível ou autorizada. É preciso procurar saber também quais formas são caras a quais áreas do conhecimento. Uma consulta a periódicos de reconhecida relevância na área, ou mesmo ao Google Acadêmico, poderia ser um bom critério para a escolha.

Em tempos de inteligência artificial gerativa, restaria saber quanto e como essa ferramenta pode apoiar, com segurança, o trabalho do profissional do texto. Neste ponto, ofereço ao leitor sucintamente o resultado de uma consulta que fiz ao ChatGPT (OpenAI, 2025), em 21 de abril de 2025, a partir do seguinte comando: "Você poderia, por favor, indicar erros de uso ou não uso do hífen na lista de palavras abaixo, tendo em conta as normas ortográficas em vigor? Por favor, indique também as justificativas para eventuais correções". Esclareço que essa lista a que se refere o comando consiste nas palavras e algumas sequências hifenizadas cuja grafia (com ou sem hífen) se discutiu neste texto. Vejamos o resultado.

No exame geral dos dados obtidos, percebe-se que o ChatGPT procurou fazer generalizações, tratando grandes grupos de palavras, como as formadas por composição e as formadas por prefixação e sufixação. Na resposta recebida, vê-se que as sínteses são formuladas numa linguagem categórica, assertiva e mesmo prescritiva. Examinando de perto, porém, constatam-se falhas na avaliação e imprecisões de naturezas diversas. Assim, *ponto e vírgula* e *pé de moleque*, substantivos que perderam seus hifens após o Acordo de 1990, deveriam, nos termos do ChatGPT, ser grafados com hífen porque esse sinal é usado "[...] quando os elementos formam uma unidade de sentido, especialmente em compostos com prefixos ou elementos de ligação que indicam uma relação de composição ou especificidade" (OpenAI, 2025).

Em alguns casos, o ChatGPT avalia corretamente a grafia, mas fornece uma fundamentação incorreta para o emprego do hífen, como em *ano-luz*: "Correto, pois é uma palavra composta com elemento de ligação" (OpenAI, 2025). Como se sabe, a simples presença de elemento de ligação não leva ao emprego do hífen; em alguns casos, na verdade, o impede. Além disso, não há elemento de ligação em *ano-luz*; trata-se de dois substantivos lado a lado simplesmente.

Em outros casos, tanto a avaliação da grafia quanto a fundamentação da resposta estão incorretas. A palavra *és-sueste*, por exemplo (direção intermediária entre o leste e o sudeste na esfera celeste), consta no texto do Acordo (Base XV, art. 1º) e em diversos dicionários, mas não foi devidamente reconhecida pela ferramenta, que sugeriu como correção, ao final, uma forma menos usual: "*És-sueste*: Aqui, parece haver um erro. Se 'és' é uma forma do verbo 'ser' e 'sueste' é uma direção, a expressão correta seria 'és sueste' (sem hífen), ou, se for uma expressão composta, poderia ser 'és-sules-te' (com hífen)" (OpenAI, 2025). Para concluir a resposta, o ChatGPT, errando na grafia final, apresenta uma norma infundada como justificativa: "Mas, na norma atual, o uso do hífen em direções é opcional e geralmente não se usa: *és sueste*" (OpenAI, 2025).

Enfim, ao menos nessa consulta, o ChatGPT pouco ajudou. Talvez os resultados possam ser mais aproveitáveis, caso se forneçam mais contexto e *prompts* mais específicos. Entretanto, não podemos deixar de levar em conta o fato de essa ferramenta se nutrir de informações (frequentemente incompletas, contraditórias e mesmo disparatadas etc.) disponíveis na *web*. Por essa razão, não é de estranhar o desencontro de informações também verificado na resposta que aqui se discute.

REVISÃO E CRIAÇÃO LITERÁRIA

Diálogos possíveis

Raquel Beatriz Junqueira Guimarães

Mestra e Doutora em Estudos Literários pela Universidade Federal de Minas Gerais, atua na área de Literatura Brasileira, professora adjunta da Pontifícia Universidade Católica de Minas Gerais.

Elzira Divina Perpétua

Doutora em Estudos Literários pela Universidade Federal de Minas Gerais (2000), mestra em Literaturas de Língua Portuguesa pela Pontifícia Universidade Católica de Minas Gerais (1993), professora associada da Universidade Federal de Ouro Preto.

O texto literário, como se sabe, difere de outras modalidades de texto escrito, por sua intenção eminentemente estética. Independentemente dos temas abordados ou da proximidade com o relato de experiências, a intenção de que seja publicado como objeto de arte é que determina as escolhas do escritor quando cria uma narrativa ficcional, um poema, um texto dramático. Temos a convicção, já expressa anteriormente, de que

> o revisor do texto literário não vai se ater a retificar aspectos da pontuação, a sugerir uso de maiúsculas e minúsculas, a verificar compatibilidade de concordâncias nominais e verbais. Ele terá de levar em consideração os efeitos que as sugestões feitas terão sobre o texto (Perpétua; Guimarães, 2010, p. 201).

Assim, diante do texto literário, o revisor assume uma função que extrapola o trabalho de revisão, posicionando-se também como observador sensível do chamado "indizível" do texto. Atento à percepção de que às vezes uma sílaba, um som, um tom se fazem como diferença num texto literário, o revisor em ofício pode oferecer também sua contribuição para a fruição estética que o autor almeja. Porém, como o texto ficcional é sempre único, no trabalho de revisão, ele caminhará muitas vezes por trilhas indeterminadas, ou não determinadas previamente, por trilhas múltiplas e "caminhos que se bifurcam", para lembrar Jorge Luis Borges – enfim, por caminhos nada seguros. Será o próprio texto que vai demandar as sugestões, daí o apelo à sensibilidade do revisor. Por outro lado, em alguns aspectos próprios dos textos literários, a teoria da literatura pode vir em auxílio do profissional. São esses os aspectos que abordaremos neste capítulo, procurando exemplificar com algumas possibilidades de ocorrências diante das quais o revisor verá ampliada sua função de corrigir inadequações e erros para a de sugerir alterações de maior alcance estético do texto.

A fim de refletirmos sobre a questão, optamos por mostrar, por meio de exemplos retirados de textos literários já consagrados e outros inéditos, como um revisor pode trabalhar ao se deparar com textos literários tanto em prosa quanto em verso. Nossa intenção principal é elencar modos de abordagem do texto literário durante o trabalho de revisão e comprovar que, nesse campo de atuação, a atividade do revisor é invariavelmente marcada pela incerteza – muito provavelmente pela insegurança. Significa dizer que o revisor do texto literário, por não lidar com regras e valores estabelecidos aprioristicamente, e sim com a experimentação criativa, também experimenta as dificuldades e possibilidades do terreno movediço da criação. Isso porque, ao revisá-la, sem ser efetivamente o criador/inventor da obra literária, dela participa e nela interfere com suas marcações e sugestões.

A fim de alcançar nosso objetivo, dividimos nosso capítulo em duas partes. Na primeira, discutimos a abordagem de textos de narrativas ficcionais e, na segunda, tratamos da abordagem dos textos em verso. Com os exemplos e as reflexões que apresentaremos, esperamos mostrar a ação possível do revisor. Realizada sem perder de vista alguns elementos imprescindíveis na composição dos textos literários e que supere a noção de apenas identificar e corrigir incongruências e termos inadequados ao texto, a tarefa do revisor será naturalmente ampliada, visto que lhe cabe apresentar ao escritor ou ao editor sugestões que redimensionem a qualidade da obra como objeto estético.

O OLHAR DO REVISOR PARA OS TEXTOS EM PROSA FICCIONAL

Antes da discussão sobre a abordagem ao texto narrativo, devemos lembrar que, de acordo com as convenções estéticas de determinada época, as formas literárias mudam, são transformadas pelo processo de criação desenvolvido pelos escritores. Desde os bancos escolares, notamos alterações, formais e linguísticas, em relação ao tempo, quando nos são dados a ler textos de escritores do século XIX ou de épocas anteriores. As transformações tornam-se mais visíveis e com intervalos cada vez menores no decorrer do século XX e ainda mais se aceleram na literatura contemporânea, quando examinamos formas como o romance, o conto e a crônica.

Exemplo significativo dessas mudanças é a existência, hoje, dos minicontos e dos microcontos, como nos exemplos abaixo:

Miniconto

A força do hábito

Guilherme era apaixonado por Marisa, durante a adolescência. Todo fim de semana lavava cuidadosamente sua bicicleta, e ia conversar com os amigos na frente da casa dela.

Mas não tinha coragem de falar com ela.

No fim das contas saiu de sua pequena cidade para a capital, onde estudou, fez carreira, se casou e se separou.

Desgostoso, voltou para a sua cidadezinha, onde descobriu que Marisa ainda morava lá, na mesma casa, e estava solteira.

Comprou uma bela Harley Davidson, que passou a lavar e a levar, nos finais de semana, para a frente da casa onde Marisa ainda morava.

Mas ainda não tinha coragem de falar com ela.

Certos hábitos são difíceis de perder.

João Barreto 25/08/2014[1]

[1] Disponível em: https://bit.ly/466r6wv. Acesso em: 1º ago. 2025.

Microconto

VE SE ELA TEM Lá dó de mi. JT[2]

Além das transformações das formas do conto, a exemplo de miniconto e microconto, temos ainda, como componentes de construção das formas literárias em prosa, algumas experimentações comuns na literatura do século XXI, como o hibridismo textual. Uma modalidade de hibridismo está presente no conto "Dão", de Marcus Nascimento, em seu livro de estreia, *A palavra no espelho.*

> Todo este aparato para que uma única coisa seja dita, para que uma pergunta fosse feita. Mas antes pedimos a
>
> *Entrada*
> *Antipasto toscano* .... *R$ 14,00*
>
> Dispensamos o
>
> *Couvert (opcional)* ....
>
> e escolhemos os pratos principais:
>
> para ela
>
> *Crustáceos*
> *Lagostin com risoto de frutos do mar* .... *R$ 45,00*
>
> acompanhado de um
>
> *Chardonnay em taça* .... *R$ 5,50*
>
> para mim
>
> *Aves e Caças*
> *Peito de pato ao molho de mel trufado*......... *R$ 37,00*
>
> (Nascimento, 2003, p. 33. Grifos no original)

Nesse excerto, é possível perceber que o autor substituiu uma descrição sobre a refeição servida durante o jantar por uma apresentação dos elementos do cardápio. Por meio dessa espécie de enxerto de um texto (menu) no interior da narrativa,

[2] Disponível em: https://twitter.com/minicontos. Acesso em: 2 jun. 2025.

podemos notar o quanto o experimentalismo literário pode criar arranjos textuais pouco usuais. Aqui, o cardápio define o papel dos personagens e a dinâmica do encontro.

Outro elemento importante a se destacar é que no texto literário o uso da gramática não se dá, necessariamente, de acordo com as normas. O escritor pode criar novas sintaxes e também explorar modos de falar não registrados na escrita, como os diversos falares regionais, por exemplo. Observa-se hoje, mais frequentemente, a adoção de variantes urbanas da língua, como fazem em suas respectivas obras, cada qual à sua maneira, Luiz Rufatto e Giovane Martins:

> Todo dia às cinco horas da tarde toma rumo de casa, no Boi Malhado, a pé, porque nem trocado pra passagem do ônibus tem. Já acompanhou uma montoeira de curso, Senac, Senai, Central do Trabalhador, nenhum asfaltou estrada prum bom emprego. Tudo, mero pretexto para a consentida escravidão, oito horas de suador diário, uma merreca no fim do mês, ô!, preferível a atoíce, ao menos pagar não paga pra trampar. E vagueia para a casa do sogro, onde se empilham, três anos já, num quartículo, cama de casal, penteadeira, guarda-roupa, bercinho, sufoco danado, mas não é de-favor que moram não, têm orgulho, ara!
> (Luiz Ruffato. *Eles eram muitos cavalos*)

> Bagulho ficou doido, os polícia sufocando, invadindo casa, esculachando morador por qualquer bagulho. Tu tá ligado como eles é. Ainda mais com jornal tudo fechando com eles, tinha que ver.
> (Geovani Martins. A história do periquito e do macaco. *In*: *O sol na cabeça*)

Como se pode perceber pelos excertos acima, trata-se de uma forma de estilização da linguagem que redimensiona a força e o sentido da palavra. As experimentações dos escritores podem trazer, inclusive, discussões de tal ordem que alguns passam a questionar as próprias fronteiras estabelecidas para o texto literário. Na década de 1920, os modernistas já experimentavam dar visibilidade a questionamentos que justificavam a quebra de algumas regras do fazer literário. É o que vemos em Mário de Andrade em "Vestida de preto":

> **Tanto andam agora preocupados em definir o conto que não sei bem se o que vou contar é conto ou não, sei que é verdade.** Minha impressão é que tenho amado sempre... Depois do amor grande por mim que brotou aos três anos e durou até os cinco mais ou menos, logo o meu amor se dirigiu para uma espécie de prima longínqua que frequentava a nossa casa. Como se vê, jamais sofri do complexo de Édipo, graças a Deus. Toda a minha vida, mamãe e eu fomos muito bons amigos, sem nada de amores perigosos. (*Contos novos*, Vestida de preto. Disponível em: https://bit.ly/47uxb8s. Acesso em 1º ago. 2025; grifos nossos).

Destacam-se dois aspectos levantados pelo escritor modernista: a definição da forma conto, em trânsito naquele e em outros momentos, como vimos, e a relação entre literatura, ficção e verdade. Vê-se que as discussões dos escritores no interior de seus textos ficcionais se dirigem não só aos aspectos das formas e/ou gêneros tradicionais da literatura, como nos exemplos dos contos. Dirigem-se, também, a aspectos como a noção de verdade e a elementos como cadência, ritmos, tons e sons. Assim, ao contrário do que pode parecer ao leitor ingênuo, o texto esteticamente realizado não se estabelece necessária e exclusivamente em formas fixadas e em conceitos previamente estabelecidos pela tradição literária. Poderá haver nele invenção, insubordinação, rompimento de fronteiras, experimentação linguística e formal.

Vejamos o caso do trabalho com o ritmo e a sonoridade, considerados por muitos territórios de criação exclusivo dos poetas e da produção em verso. Como recursos de expressividade do texto literário, o ritmo textual e as repetições sonoras são recursos em uso entre todos os escritores que detêm maiores recursos de criação estética, seja na narrativa em prosa, seja nos textos em verso. Entre os brasileiros, citam-se, entre outros, Graciliano Ramos e Guimarães Rosa, como podemos ver nos exemplos:

> Chegou. Pôs a cuia no chão, escorou-a com pedras, matou a sede da família. Em seguida acocorou-se, remexeu o aió, tirou o fuzil, acendeu as raízes de macambira, soprou-as, inchando as bochechas cavadas. Uma labareda tremeu, elevou-se, tingindo-lhe o rosto queimado, a barba ruiva, os olhos azuis. Minutos depois o preá torcia-se e chiava no espeto de alecrim (Ramos, 1974, p. 5).

> Aí mês de maio, falei, com a estrela-d'alva. O orvalho pripingando, baciadas. E os grilos no chirilim. De repente, de certa distância, enchia espaço aquela massa forte, antes de poder ver eu já pressentia. Um estado de cavalos. Os cavaleiros. Nenhum não tinha desapeado (Rosa, 1994, p. 79).

Algumas observações rápidas sobre o ritmo de cada um dos trechos saltam aos olhos do leitor. No primeiro excerto, apresenta-se o texto enxuto de Graciliano Ramos, livre de adjetivações, com sua pontuação marcando o ritmo lento das ações do retirante esfaimado nas primeiras frases. O ritmo gradual está presente na descrição do fogo, na sequência em que a claridade atinge o rosto queimado de sol de Fabiano, a barba, os olhos – o leitor vê uma pintura sendo iluminada em cores contrastantes: rosto queimado, barba ruiva, olhos azuis. Na última frase do excerto, o ritmo é mais rápido, cadenciando a ansiedade com que aqueles viventes esperam a refeição miserável como se fosse um banquete. Outras observações condizentes à poética nesse exemplo recaem sobre as vogais: mais fechadas nos verbos dos três primeiros períodos, expressando maior fadiga, desesperança, fome dos retirantes, contrapondo-se às vogais mais abertas nas palavras dos dois períodos finais. Nota-se como todos esses elementos, em conjunto, atuam em cascata sobre a sensibilidade do leitor: embora "invisíveis", os recursos sonoros e rítmicos elevam a situação de penúria dos retirantes e redimensionam os efeitos que a cena desperta.

Diferentemente do que acontece em *Vidas secas*, as páginas de Guimarães Rosa são reforçadas por imensa variedade vocabular, inclusive com a criação de neologismos inusitados. Também essas criações contribuem para o ritmo e, às vezes, a rima interna característicos de sua poética. Nesse excerto, o efeito semântico dos substantivos se fortalece junto aos neologismos: "Orvalho pripingando" e "grilos no chirilim", atraindo os sentidos tátil, visual e sonoro do leitor. Aqui o ritmo é marcado ainda por uma desaceleração da sequência narrativa, pela pontuação brusca e pela constituição dos períodos, intermediados por orações nominais. Note-se que, à descrição da noite fria, se segue a do rumor dos cavalos antes da visão dos cavaleiros. Os pontos finais nos três últimos períodos indicam os cavaleiros já parados, estanques, como se o leitor pudesse vê-los naquela posição, sugestão devida, mais que às palavras, ao ritmo imposto pelo trecho.

Como se constata nos exemplos, o uso dos recursos de linguagem é feito de modo a valorizar o aspecto conotativo do texto e sua intenção de inventar sentidos novos, diferentemente dos textos que não apresentam intenção estética. Outro efeito importante observado é que o uso estético das palavras, dos ritmos, dos sons, das sequências, das cadências e do andamento do texto desautomatiza os sentidos, ou seja, possibilita que o escritor crie relações entre as palavras, estabeleça associações inusuais e invariavelmente estranhas.

O revisor do texto literário está exposto, pois, a uma variedade extrema de formas e modos de circulação da literatura. Deve-se salientar que não é possível estabelecer categoricamente uma característica predefinida para cada uma das formas literárias em prosa. Por essa razão, vamos tratar de elementos gerais da narrativa que poderão ajudar a refletir sobre o fazer do revisor quando diante de um texto em prosa narrativa e ficcional. Se tradicionalmente as narrativas são quase sempre constituídas dos chamados elementos imprescindíveis – narrador(es); personagens; ação; tempo; espaço; enredo –, a nosso ver, o revisor deve levar em conta todos esses aspectos ao revisar um texto literário. Devido à sua variação, daremos destaque aos sujeitos, aqui entendidos como o(s) narrador(es) e os personagens, e ao tempo e espaço, elementos que podem ser percebidos amalgamados, na chamada dimensão espaçotemporal.

Destacamos a atenção necessária que o revisor deve dispensar aos caminhos escolhidos pelo escritor para a construção da voz narrativa. Significa dizer que é conveniente observar se no texto literário o escritor está criando apenas uma voz narrativa ou mais de uma; se consegue estabelecer coerência e consistência no modo de o(s) narrador(es) organizar(em) a matéria narrada, compreendendo coerência aqui não como um pressuposto extrínseco ao texto, mas aos elementos intrínsecos do que está sendo criado; se há coerência no tom da voz narrativa, principalmente no que diz respeito ao desenvolvimento das ações e das escolhas éticas do sujeito que narra. Para ver se há coerência e consistência na construção do narrador, é importante perceber, por exemplo, se o narrador proposto no texto é observador, testemunha, protagonista; se ele adere ou não a determinado personagem; se está falando de dentro ou de fora da cena narrada. Significa dizer: preocupar-se com a voz e com o ponto de vista do narrador.

Se tomarmos como exemplo a sequência de contos – ou não contos – presentes em *Papéis avulsos*, de Machado de Assis, serão notáveis as diferentes possibilidades de manifestação da voz narrativa. Em *O alienista*, o narrador se mostra fora dos acontecimentos e guarda uma relação de onisciência; em "Teoria do medalhão", Machado de Assis, em favor do diálogo, praticamente suprime a presença de um narrador em sentido estrito. Em "Dona Benedita", o narrador parece acompanhar os acontecimentos de um lugar bem próximo, enquanto "O anel de Polícrates" mais parece um drama e, em "O Espelho", há uma alteração da voz narrativa, antecedida por um provocativo diálogo. A pequena amostra confirma a importância de se dar atenção a esse aspecto da construção do texto.

A questão que o revisor tem diante de um texto ficcional é em geral como trabalhar para dar consistência ao narrado por meio do aperfeiçoamento da voz narrativa. A partir do texto de uma escritora iniciante, podemos fazer a discussão. Tomemos o conto "Encontro casual"[3], de Eunice Souza[4], do qual se transcrevem alguns trechos:

> **Sentei-me na poltrona do ônibus de volta para minha terra.** Estava cansada do movimento todo a que tive exposta nos três últimos dias: greve, enfrentamento com a polícia, reuniões do comando de greve para avaliações do movimento, **muito papo, muita cerveja, nenhum sexo.**
>
> Assim que sentei, um rapaz com rosto fino, cabelos lisos e nenhuma lembrança me cumprimenta e sai logo me perguntando se eu era mesmo aquela menina, filha de um marceneiro, que morava no bairro Aparecida e que tinha estudado no Grupo

[3] Trata-se de um conto inédito em publicações literárias, cedido pela autora para atividades didáticas de reflexão sobre práticas de revisão de textos literários.

[4] Nome fictício.

Dom Bosco com Dona Maria, Dona Salete, Dona Geralda, e outras. Respondi, curiosa, que sim era eu mesma, no que se seguiu um diálogo cujo início era:

— Não se lembra de mim? Sou William, fui seu colega de Grupo. Ele, sua fisionomia, seu corpo, nada que estava ali visível me trazia alguma lembrança, mas o nome dele sim. **Recordei-me de algo que me fizera mal para sempre.**

[...]

Por algum motivo tinha brigado ou discutido, não me lembro bem, com William. Ele, até onde me lembro, era **um garoto muito levado** e às vezes perturbava os colegas, mas eu nutria por ele, como por outros colegas, muita simpatia. Algo ocorreu naquele dia que me fez perder a calma e sentir-me ofendida. **Contei pra minha irmã** o ocorrido e ela, **também muito espevitada**, quis logo tirar satisfação, a não ser que eu o fizesse.

[...]

Virou uma breve, mas eterna, guerra de pedras. O penoso nisso tudo não foram as poucas pedras que atingiram minha pasta (nenhuma atingiu meu corpo). Nem as pedras que atirei e não o atingiram. Foi o gesto. **Ter jogado as pedras sempre me causou estranhamento** (Souza, 2000, inédito, grifos nossos).

Observa-se, no início do conto, que a voz narrativa em "Encontro casual" é marcada por um narrador-personagem, com uma locução no feminino. Nele a narradora se empenha em contar uma experiência. Uma das maneiras de perceber a consistência da construção da voz narrativa é verificar se a locução de gênero está garantida em todo o conto e, caso haja alteração ou oscilação na locução da voz narrativa, se se podem notar motivações estéticas para tal fato. Caso perceba alguma alteração no registro ou no tom da voz narradora, sem algo que a tenha motivado, o revisor deverá apontar o fato, localizando a mudança e opinando sobre as alterações observadas.

Ainda sobre a construção da voz narrativa, sugere-se que ele procure perceber se o escritor estabelece a voz do narrador com um registro mais formal ou mais informal. Voltemos ao "Encontro casual". Observa-se que, na primeira linha do texto, a escritora optou por dar à narradora uma locução formal em "Sentei-me na poltrona do ônibus", repetida em "Recordei-me de algo que me fizera mal para sempre" e "sentir-me ofendida". O uso da ênclise e do pretérito e do pretérito mais que perfeito (fizera) são índices desse registro mais formal. Entretanto, existem no texto passagens com marcas de oralidade e de informalidade na voz da própria narradora, sem que haja indícios dos motivos dessa alteração de registro, como podemos ver em: "Saí logo me perguntando", "contei pra minha irmã". O revisor poderia apontar as que perceba como forma de contribuir para o adensamento da construção da voz narrativa.

Antes de passarmos para a discussão do próximo aspecto, lembremos que nem sempre o uso de dois registros de linguagem é sinal de inconsistência. Ao contrário, pode ser usado de tal modo que a variação evidencia a consistência da arquitetura textual. É o que ocorre com o poema narrativo "O caso do vestido", de Carlos Drummond de Andrade. Nele há expressões mais eruditas e outras mais informais – regionais até – compondo a cena narrativa. Nesse caso, entretanto, o que se nota é que as variantes na linguagem contribuem para toda a composição do poema, elaborada por meio da repetição e dos duplos.

Outro elemento que mostra o que chamamos de inconsistência nas escolhas do escritor na construção da voz narrativa é o uso de um vocabulário ora evidentemente adulto, ora um pouco infantil. Exemplo disso, em "Encontro casual", é o uso das expressões "garoto muito levado" ao lado de "ela, também muito espevitada", rivalizando com passagens que adquirem um tom adulto ("muito papo, muita cerveja, nenhum sexo") e reflexivo, inclusive sobre temas elaborados, como o funcionamento da memória e a experiência com o tempo em: “Recordei-me de algo que me fizera mal para sempre” e “Virou uma breve, mas eterna, guerra de pedras”.

Lembremos, ainda, que há textos articulados com mais de uma voz narrativa, o que deve ser levado em conta ao se verificar a consistência da elaboração. Na literatura brasileira, romances como *Nove noites*, de Bernardo Carvalho, ou *Mayra*, de Darcy Ribeiro, são exemplos de obras literárias cujas narrativas são engendradas por mais de um narrador. Em alguns casos, a escolha gráfica da fonte indica mudança da voz narrativa. Mas há ocorrências de vozes narrativas que só se distinguem pela máxima atenção do leitor ao texto. *Memórias sentimentais de João Miramar*, romance de Oswald de Andrade, é um exemplo da inovação do modernismo, que ousou várias alterações radicais na linguagem, sendo uma delas a justaposição de vozes narrativas sem distinção gráfica.

Passemos, agora, às observações sobre o tempo da narrativa. O tempo ficcional é aquele que ocorre no plano do que é narrado, ou seja, na história propriamente dita. Esse tempo é, na verdade, a atribuição de uma dimensão temporal aos eventos relatados. A teoria da literatura costuma descrever a existência de três modalidades básicas de apresentação do tempo no texto ficcional: o histórico, o psicológico e o metafísico ou mítico.

Em uma narrativa, essas dimensões temporais podem coexistir. Significa dizer que o revisor precisa lembrar que, na ficção, o tempo pode ser pluridimensional, ou seja, é possível ao escritor construir e desenvolver vários planos temporais. Aquele que narra pode-se valer de retrospectivas, de projeções de desejo, tudo de modo sequencial, aparentemente linear.

Parece ser essa a intenção de Eunice Souza em sua proposta em “Encontro casual”. Desde o início do texto, há duas dimensões do passado da narradora em cena: o primeiro, mais recente, evidente na encenação do encontro com outro personagem. Para maior clareza, repetimos a citação:

> Assim que sentei, um rapaz com rosto fino, cabelos lisos e nenhuma lembrança me cumprimenta e sai logo me perguntando se eu era mesmo aquela menina, filha de um marceneiro, que morava no bairro Aparecida e que tinha estudado no Grupo Dom Bosco com Dona Maria, Dona Salete, Dona Geralda.

Nessa construção, observa-se uma oscilação do uso do tempo verbal na marcação da dimensão temporal, a partir do início do conto: *sentei*, *cumprimenta*, *era*, *morava* etc. Esse seria um ponto que mereceria a atenção do revisor. Caberia ao profissional do texto perguntar-se se a densidade da matéria narrada seria aperfeiçoada caso o registro temporal fosse realizado de outro modo. Pode-se supor que sim. Alguns revisores sugeriram[5] para o conto exatamente uma alteração nesse aspecto, como no exemplo a seguir:

> Sento-me na poltrona do ônibus de volta para minha terra. Sinto-me cansada do movimento a que tive exposta nos três últimos dias: greve, enfrentamento com a polícia, reuniões do comando de greve para avaliações do movimento, muito papo, muita cerveja, nenhum sexo. Ao sentar-me, um rapaz com rosto fino, cabelos lisos e nenhuma lembrança me cumprimenta e logo me pergunta se eu era mesmo aquela menina, filha de um marceneiro, que morava no bairro Aparecida e que tinha estudado no Grupo Dom Bosco com Dona Maria, Dona Salete, Dona Geralda, e outras. Respondo, curiosa, que sim.

Nota-se que um dos modos de aperfeiçoamento do texto é observar a construção do tempo. Ao verificar que se pode dar mais

[5] Nos cursos de revisão do texto literário que ministramos, já oferecemos esta proposta de conto a vários alunos. Aqui trazemos uma das soluções sugeridas.

densidade ao que está sendo narrado, cabe ao revisor indicar alterações. O exemplo anterior sugere uma predominância da locução no presente, o que não significa que seja a única possibilidade de revisão para o texto. No conto em análise, outra dimensão temporal presente parece ser de natureza mais psicológica, já que se trata de uma lembrança remota atualizada pela narradora assim que ouve o nome do rapaz que encontra.

Para melhorar a consistência das dimensões temporais do conto, o revisor poderia oferecer à autora a sugestão aqui apresentada: trabalhar com os verbos no tempo presente na primeira cena e com a dimensão de passado remoto na cena de lembrança da infância, o que pode melhorar o tom geral da proposta do conto.

Assim como o tempo, o espaço aparecerá de diferentes modos em um texto ficcional. Pode ser o espaço físico, visto mais frequentemente nos romances do século XIX e do início do século XX, bem como é possível ser o desdobramento de vivências sociais ou particulares, que seriam os espaços sociais e psicológicos. Para verificar a consistência das invenções dos espaços narrativos, o revisor pode realizar procedimento parecido com o que aqui mostramos com a dimensão temporal. É importante ainda ressaltar que os sujeitos de uma narrativa se inserem numa realidade ficcional determinada por uma situação espaçotemporal, que pode estar anunciada de vários modos, inclusive como uma data específica, tal como em um cabeçalho, conforme se vê no primeiro fragmento de *Eles eram muitos cavalos*, de Luiz Ruffato:

> **Cabeçalho**
> São Paulo, 9 de maio de 2000.
> Terça-feira (Ruffato, 2006, p. 4)

Esse fragmento, a um só tempo, informa o espaço físico e o tempo histórico das ações dos personagens, a serem apresentadas na sequência. A partir dele, os personagens da metrópole – mães, indígenas, mulher, pastor, garoto, intelectuais, artistas – são caracterizados nos mais diferentes espaços: na praça, em casa, no trânsito, em ações sucessivas no texto e simultâneas na cena narrativa, unidos, nesse caso, pela dimensão espaçotemporal.

Uma vez mais, chamamos a atenção para possibilidades de construções não explicitadas no texto ficcional, o que igualmente pode ocorrer com a relação espaço-tempo que, invisível nas marcações gráficas, se encontra amalgamada no concerto frasal criado por novas experiências da linguagem ficcional. Na literatura contemporânea, há variados exemplos, porém voltemos a Oswald de Andrade por sua contribuição pioneira à linguagem literária em *Memórias sentimentais de João Miramar*, publicado em 1924.

Para garantir a coerência e a consistência das construções espaçotemporais e das relações do sujeito em uma narrativa, sugerimos que o revisor verifique a coerência no modo como tempo e espaço se articulam; a consistência do que está sendo narrado e as escolhas espaçotemporais feitas pelo escritor. Isso significa acompanhar o mundo criado pelo escritor.

A coerência e a consistência da narrativa não estão fora dela, a partir de preferências do revisor, de determinado senso comum ou de paradigma estético de um tempo histórico específico. Ao contrário, os delírios, sonhos, devaneios e desejos expressos em um texto literário podem vir marcados por dimensões espaciais e temporais completamente inusitadas e por vezes absurdas. Cabe ao revisor acompanhar as escolhas feitas pelo escritor, com o objetivo de aperfeiçoá-las.

O OLHAR DO REVISOR PARA O POEMA

Em *O estudo analítico do poema*, Antonio Candido considera quatro fundamentos do poema: a sonoridade, o ritmo, o metro e o verso. Para revisá-lo, será importante conhecer minimamente a natureza desses fundamentos e perceber o valor e as formas de construção de versos livres e brancos, metrificados e rimados, bem como as relações entre som e silêncio. Também será oportuno, mais uma vez, voltar sua atenção àquele que fala no poema, que conhecemos como eu lírico, voz lírica, voz poética ou sujeito poético. Nesse sentido, observam-se duas articulações mais frequentes no sujeito lírico: o uso da 1ª pessoa do singular ou o uso da voz de um sujeito observador, principalmente nos poemas narrativos. Em alguns poemas, o sujeito lírico pode adquirir um tom reflexivo ou mais confessional. Sugere-se que o revisor observe a coerência da articulação dessa voz, do início ao fim e, caso haja alguma necessidade, sugira alterações para a manutenção da coerência e para o aperfeiçoamento da consistência do poema.

Mais ainda, será conveniente acompanhar o trabalho do escritor, tal como tentamos apresentar no caso dos textos narrativos em prosa. Essa preocupação se funda no que os próprios escritores contam sobre seus processos criativos. As entrevistas e cartas são documentos relevantes para conhecer essas reflexões. Tomemos, por exemplo, a carta de Mário de Andrade a Manuel Bandeira, de 30 de dezembro de 1922.

> Querido Manuel
>
> [...] Abandonei a poesia. Estou perdido em pesquisas e pesquisas de expressão. Meus poemas atuais, de 1922 para diante, são verdadeiros ensaios, exercícios, estudos. Procuro. Julgo achar.

> [...] Escrevo muito. Tenho um livro pronto. O *Losango cáqui: impressões do mês de exercícios militares* que fiz em agosto. Procuro realizar a poesia mais psicológica possível (Andrade *apud* Moraes, 2001, p. 78).

O depoimento do poeta experiente e reconhecido é suficientemente contundente para indicar ao revisor a importância de dar atenção ao processo de construção do texto. Nota-se que a elaboração poética é pesquisa e estudo, elaborados pelo escritor ao longo de sua carreira. O estudo do poeta, experiente ou novato, é o que conduz o olhar do profissional da revisão. Mais uma vez, podemos ter como exemplo de atitude revisional o olhar dos poetas para os poemas de seus pares. No *postscriptum* de uma carta longa a Bandeira, datada de 3 de maio de 1926, Mário de Andrade escreve:

> Outro dia, classificando cartas encontrei aquela sua "Oração", "Nossa Senhora me dê paciência", sobre a qual não respondi nada creio.
>
> É uma gostosura enorme. Só o quinto verso tem o defeito de parecer trocadilho. Mas não acho meios de mudar porque o "existência tão mal cumprida" é um imutável achado, e o "tão mais comprida" não pode sair por causa do resto. E afinal a aparência de trocadilho é o selo da época (Andrade *in* Moraes, 2001, p. 292).

Mário de Andrade, nesse comentário, refere-se ao poema "Oração no Saco de Mangaratiba", publicado no livro *Libertinagem*, transcrito na íntegra:

> **Oração no Saco de Mangaratiba**
>
> Nossa Senhora me dê paciência Para estes mares para esta vida! Me dê paciência para que eu não caia Pra que eu não pare nesta existência Tão mal cumprida tão mais comprida. Do que a restinga de Marambaia!... (Bandeira, 2014, p. 18, grifo nosso).

O comentário sugere uma metodologia para o revisor: conhecer o texto, compreender o trabalho realizado pelo escritor, manifestar sua impressão e oferecer sugestão caso seja possível.

Mário de Andrade reconhece o que considera defeito ("Só o quinto verso tem o defeito de parecer trocadilho"), compreende a criação de Bandeira ("o existência tão mal cumprida é um imutável achado") e percebe que é impossível encontrar caminho para superar o que foi considerado defeito ("o tão mais comprida não pode sair por causa do resto"). E mais, justifica a escolha do amigo poeta ("aparência de trocadilho é o selo da época"). Nesse caso, Mário de Andrade não oferece nenhuma sugestão a Bandeira.

Não é o caso em interlocuções de Mário com outros poetas. Acompanhemos parte de sua conversa com Henriqueta Lisboa, em carta de 16 de abril de 1940, da qual retiramos os trechos em que objetivamente o poeta indica alterações à escritora mineira[6]:

> Bom, vamos falar de seus versos. *A misteriosa presença* [...] b) no último verso preferiria inexplicável a iniludível. Fica mais dentro do sentido do contexto, que é perfeitamente lógico. [...] no primeiro verso escapou um "sua" que eu creio você quer "tua".

[6] Esta carta de Mário de Andrade a Henriqueta Lisboa é profundamente franca. O poeta fala abertamente do que gosta e do que não gosta nos poemas da escritora mineira. A franqueza é de tal ordem que, por mais de uma vez, ele usa palavras desagradáveis para apreciar os poemas da amiga: "Detestei aquele paralelismo"; "o final acho detestável", "você inventou uma imagem lírica admirável e depois vai enfraquecê-la com essa princesa boba". Outras vezes fala diretamente: "Tire isso, tire isso"; "fica feio e desnecessário". Recortamos de suas palavras passagens que contribuiriam para o aperfeiçoamento do olhar do revisor de um texto poético.

> *Meninazinha de ouro*: Cuidado, cuidado, Henriqueta, cuidado com a professora! Às vezes, dentro da mais verdadeira poesia, você assume um jeito didático que assusta pra longe a poesia. [...] *Mensagem*. Muito bom. Talvez um bocado longo. Prefiro "no mesmo ritmo fatigado e eterno dos oceanos", no plural, que torna o verso ainda mais longo e ondulante na sibilação dos ss[7]. *Parábola*. Muito bom. Você consegue belos ritmos. Mas aqui o ladinho didático apenas espia a gente de longe e logo se esquece. [...] *Inspiração que se perdeu*: Não gosto, mas dessa vez é questão de incompetência minha. Não tenho razões estéticas pra não gostar, não gosto porque não alcanço pessoalmente o valor do poema como ideação. O fim brutal "desesperação da salvação" é ótimo. Os dois versos seguidos, terminando um em "milagre" outro em "claridade" formam rima toante inútil no meio dos versos brancos (Andrade, 1991, p. 8-10).

A sequência das observações de Mário de Andrade aos poemas de Henriqueta Lisboa é uma contribuição do mestre dos poetas modernistas aos profissionais do texto que pretendem revisar textos poéticos. O olhar que ele dirige ao texto da escritora mineira é de um leitor especialista que experimenta a fronteira entre o trabalho do revisor e o do crítico. Se observarmos o que move a atenção do poeta, veremos que ele se preocupa com elementos fundamentais, tais como: a sonoridade ("Os dois versos seguidos, terminando um em 'milagre' outro em 'claridade' formam rima toante inútil"); a relação entre som e o ritmo (Prefiro "no mesmo ritmo fatigado e eterno dos oceanos", no plural, que torna o verso ainda mais longo e ondulante na sibilação dos *ss*.); o tom da voz lírica ("Às vezes, dentro da mais verdadeira poesia, você assume um

[7] No livro *Querida Henriqueta*, há informações sobre a reação da escritora a cada uma das sugestões do poeta referidas nesta carta.

jeito didático que assusta pra longe a poesia"); e a adequação lexical, até mesmo um possível equívoco de grafia.

Andrade realiza procedimento semelhante quando da sua leitura da primeira versão de *Alguma poesia*, de Carlos Drummond de Andrade, também registrada em cartas ao poeta mineiro, de agosto de 1926, da qual extraímos apenas dois pequenos trechos.

> Quase um noturno em voz baixa pode ser penumbrista, o que você quiser, é lindo. Também "A beleza da vida na alegria da manhã" gostei bem. Ainda um noturno também. Como os versos se desenrolam longos bem flexíveis. Por isso não gosto dos cortes forçados em "E abraça-me com mais força. Calados. Nenhum verso entre nós". Una isso tudo de qualquer jeito numa frase só (Andrade, 1988, p. 84).
>
> O poema que você me mandou é adorável. Está aí: em "Eu sozinho menino entre mangueiras" está já excelente. Expressivo intensivo forte natural embora pouco usual como sintaxe. Você que está empregando uma linguagem tão natural, tão brasileira, chamo sua atenção pra colocação que nós brasileiros damos pro qualificativo depois do substantivo: Café preto, café gostoso, café bom. Veja como isso é mais natural que a "velha preta" que vem aí mesmo [...] Eu preferia preta velha. Em todo caso não tome isso como regra absoluta hem (Andrade, 1988, p. 61-62).

Nessas observações feitas aos poemas de Drummond, Mário de Andrade se preocupa com a construção dos versos (longos, flexíveis) e com as novidades na organização sintática promovida pelo poeta. Todos os exemplos dos diálogos entre os poetas corroboram as concepções de Candido sobre os fundamentos do poema: a sonoridade, o ritmo, o metro e o verso.

Para exemplificar uma possibilidade de trabalho do revisor em um texto poético, consideraremos, portanto, as teorias sobre os fundamentos do poema, definidos por Candido, e a visada aguda e perspicaz de Mário de Andrade aos textos de seus amigos, inspiradora do trabalho revisional, e as convicções trazidas por ele, de que por vezes o leitor-revisor não compreende o trabalho do poeta e, por isso, fica difícil sugerir alguma alteração, ainda que perceba que algo poderia ser melhorado.

Voltemos ao pensamento de Candido. Para ele,

> todo poema é basicamente uma estrutura sonora. Antes de qualquer aspecto significativo mais profundo, tem esta realidade liminar, que é um dos níveis ou camadas da sua realidade total (1996, p. 23).

Afirma, ainda, que a sonoridade do poema pode ser altamente regular, muito perceptível, determinando uma melodia própria na ordenação dos sons, ou pode ser de tal maneira discreta que praticamente não se distingue da prosa. Mas também a prosa tem uma camada sonora constitutiva, que faz parte do seu valor expressivo total (Candido, 1996, p. 23).

Vejamos um exemplo, do livro *Poemas de salão*[8], do poeta Conde Efigênio[9], cujos poemas foram oferecidos para serem utilizados em encontros sobre revisão do texto literário:

O AMOR

1. O amor será a cela o canto
2. o catre
3. a clausura

4. O amor será o caos o corpo
5. o cosmo
6. o carma

[8] Livro inédito.

[9] Nome fictício.

7. O amor será a seco safo
8. sacro salmoura

9. O amor será lânguido lâmina
10. lambida língua

11. O amor será dândi
12. doença delírio delícia

13. O amor será o gozo a gana
14. a goma a gosma

15. O amor será sem danos sem perdas
16. sem dó.

Esse é um dos casos em que o aspecto sonoro do poema é "regular e perceptível determinando uma melodia própria". A escolha dos vocábulos *canto*, *catre*, *clausura*, *corpo*, *cosmo* e *carma* incide diretamente sobre o aspecto sonoro do poema e indicia um efeito desejado pelo escritor causado pelas sucessivas aliterações. Ao olharmos o poema completo, verificamos que, em praticamente todas as estrofes, há similaridade fonética entre as palavras definidoras do amor. Nota-se, entretanto, que o som da palavra "cela" no primeiro verso mantém relação de similaridade com a palavra "será" que a antecede, mas é foneticamente distinta das demais palavras da estrofe, fenômeno que não ocorre nas outras estrofes do poema.

Diante dessa percepção, o revisor poderá apontar esse pormenor ao autor e, até mesmo, caso considere adequado, indicar alguma alteração que preserve e desenvolva a intenção do escritor em seu trabalho de apuro sonoro do poema. Atitudes possíveis são:

Opção 1: apenas apontar, por meio de um comentário dirigido ao autor, a diferença do tratamento sonoro dado por ele na primeira estrofe.

Opção 2: propor alguma alteração. Sugere-se aqui a supressão, na primeira estrofe, da palavra *cela* e a alteração da terceira estrofe com a inserção da palavra *cela*. O resultado seria o seguinte:

O amor será o canto
o catre
a clausura

O amor será o caos o corpo
o cosmo
o carma

O amor será a cela
safo sacro salmoura

O amor será lânguido lâmina
lambida língua

O amor será dândi
doença delírio delícia

O amor será o gozo a gana
a goma a gosma

O amor será sem danos sem perdas
sem dó.

Com essas sugestões, o revisor estabelecerá uma interlocução com o autor no campo exato do que o poeta procura (a repetição sonora), de modo a contribuir para o aperfeiçoamento do poema.

Da mesma forma que se pensa especificamente no aspecto sonoro, sugerimos que o revisor depreenda o ritmo do texto, a construção dos versos e das estrofes. Observe-se que a solução rítmica das estrofes varia numa conjugação de estruturas de 2 e de 3 versos de métricas distintas. Esse movimento sonoro do poema oferece versos de marcações com duas e três sílabas, promovendo mais ou menos aceleração de acordo com essa construção. Assim, as estrofes 3, 4, 5 e 6 estão organizadas em dois versos mais longos, e as duas primeiras apresentam mais versos menores. Os versos 2, 3, 5 e 6 são menores que os constantes em 8, 10, 12 e 14. Essa organização rítmica acelera a enumeração nesses últimos e a desacelera nos anteriores. Outro é também o efeito dos silêncios no texto. Os versos menores aumentam o efeito do silêncio; os maiores diminuem o silêncio, ou seja, a pausa. No caso do poema "Amor", as pausas são constituídas pelo final do verso, sem pontuação, e pelo final do poema-estrofe, com um ponto final.

O revisor pode pensar em sugerir outras cadências para o poema reconstruindo versos e, consequentemente, estrofes. É possível pensar que a estrofação seja questão menor em poesia, mas não é. Ela pode ser extremamente significativa na construção de um poema, a exemplo do que ocorre com o poema "Caso do vestido", de Carlos Drummond de Andrade. Os dísticos mimetizam os diálogos existentes na cena poética: das filhas com a mãe, da dona de longe com a senhora casada, do homem com a mãe de suas filhas. No caso do poema "Amor", de Conde Efigênio, os movimentos estróficos sugeridos poderiam incidir no resultado semântico do poema e, no mínimo, poderiam ser dois:

Opção 1: transformar todas as estrofes em dísticos:

O AMOR

O amor será a cela o canto
o catre a clausura

O amor será o caos o corpo
o cosmo o carma

O amor será a seco safo
sacro salmoura

O amor será lânguido lâmina
lambida língua

O amor será dândi
doença delírio delícia

O amor será o gozo a gana
a goma a gosma

O amor será sem danos
sem perdas sem dó.

Nessa solução, o revisor está alterando o ritmo e sugerindo uma aceleração no texto, o que impacta o próprio conceito de "amor" em construção e a elaboração da cena amorosa suposta no texto.

Opção 2: O revisor sugere que todas as estrofes tenham mais de dois versos:

O AMOR

O amor será a cela
o canto
o catre
a clausura

O amor será o caos
o corpo
o cosmo
o carma

O amor será a seco
safo
sacro
salmoura

O amor será
lânguido
lâmina
lambida
língua

O amor será dândi
doença
delírio
delícia

O amor será o gozo
a gana
a goma
a gosma

O amor será sem
danos sem perdas
sem dó.

As duas propostas procuram partir dos aspectos semânticos e sintáticos oferecidos pelo texto e, nelas, não há alteração nas palavras, mas na organização rítmica do texto. Se, na proposta 1, o trabalho é de aceleração na enumeração, na proposta 2, o impacto maior incide mais na valorização do aspecto sonoro de cada palavra do poema, bem como na alteração da marcação rítmica provocada pela relação do som dos versos curtos com o silêncio do fim do verso, que tem o tempo aumentado com essa construção.

Oferecer essas soluções ao poeta será uma liberalidade do revisor mais ou menos intervencionista. O revisor mais intervencionista talvez faça todas essas sugestões, enquanto o menos intervencionista talvez se exima de fazê-las. Tendo as sugestões diante de si, cabe ao escritor decidir como aperfeiçoar seu trabalho, a partir do apontado pelo revisor.

As observações feitas neste capítulo procuraram mostrar que o texto literário pode ser aperfeiçoado pelos revisores, mas não há como conhecer previamente as soluções, por algo estabelecido, por regras que preexistem ao texto literário no momento da revisão. Cada obra tem sua singularidade e é para ela que o revisor deve olhar. Afinal, o aperfeiçoamento da natureza singular da obra é o objetivo do revisor.

MULTIFACES DA FORMAÇÃO ACADÊMICO-PROFISSIONAL DO REVISOR DE TEXTOS

Ev'Ângela Batista Rodrigues de Barros

Mestra (1992) e Doutora em Estudos Linguísticos (2006) pela UFMG, professora Adjunta IV da PUC Minas.

◇◇ Falar da formação e do papel do revisor de textos – de sua relevância no mercado editorial e de sua agência na circulação de textos nos diversos âmbitos da vida social contemporânea – é falar de uma intrincada rede de relações entre profissões. Nessa rede, sob qualquer ótica, reitera-se que o fazer do revisor consiste em uma prática essencialmente interlocutiva que

(a) se realiza em diversas camadas de incursões ao texto do outro – e, portanto, à sua prática discursiva –, o que faz emergir a questão da autoria, da heterogeneidade discursiva;
(b) suscita discussões sobre quem é o profissional mais credenciado (em termos de competência e/ou autoridade) para intervir em textos alheios – as ações do revisor têm escopo distinto das do editor, por exemplo;
(c) promove discussões éticas, como estabelecer em que medida deve o revisor intervir no texto alheio, tomando como parâmetro o objetivo de torná-lo conforme às demandas para publicação. Visto que o autor não dimensiona adequadamente o quão desviante é seu texto em relação à norma-padrão – já que ninguém "erra" intencionalmente –, detectar em que medida certas escolhas (lexicais ou estruturais) feitas ao produzir o próprio texto seriam inadequadas ao propósito com que o produziu pode extrapolar sua capacidade de "revisão em ação" (nos termos de Sobral e Barbosa, neste volume). Daí a importância de deixar a tarefa ao olhar crítico do revisor;
(d) delineia, na prática, diferentes concepções e abordagens de texto, de gênero, de esferas discursivas, bem como de considerações sobre modos de agir

em relação a essa importante materialização das relações comunicativas humanas, o que implica abordar dimensões éticas, estéticas e políticas do trabalho que medeia a produção, a preparação e a divulgação desse "artefato" sociocultural a que chamamos texto – em especial num momento de proliferação de ferramentas de Inteligência Artificial (IA) voltadas para a produção e revisão textuais.

Como se inscreve num contexto sócio-histórico e político, o ofício de revisor caracteriza-se como um trabalho extremamente antigo, porém ainda hoje pouco institucionalizado – e essa frágil profissionalização reflete-se em aspectos mais objetivos, como a precificação/remuneração do trabalho realizado, e em outros, de cunho subjetivo, referentes a quanto ele, que se dedica à prática da revisão textual e atividades afins, atribui valor a si mesmo, profissional e socialmente.

Cada uma dessas dimensões vem sendo abordada em diferentes trabalhos de estudiosos da área e aqui serão analisados sem pretensão de exaustividade. Trata-se de um tema complexo e multifacetado, como acontece em toda discussão referente ao ensino e à formação de profissionais da área das humanidades e, no caso específico aqui tratado, dos que lidam com a produção e a circulação dos textos nas diversas esferas de nossa sociedade, igualmente complexa e multifacetada.

No percurso de formação em Letras, não raro, a busca pela aprendizagem de aspectos referentes ao tratamento do texto para publicação (práticas editoriais referentes a obras impressas ou para plataformas digitais) se inscreve como uma resolução tardia, já num estágio avançado de uma habilitação para a docência, como forma de ampliar os horizontes profissionais. É uma tentativa de compatibilizar a atuação docente com a oferta de serviços no mercado editorial. Não que isso em si seja um problema, pelo contrário – numa dimensão mais ampla de texto e discurso que a graduação oferece, na qual se toma, como objeto de estudo e de ensino, o texto como materialização de todo um processo dialógico e interacional (nos termos de Bakhtin, 2003), a formação inicial já propicia um adentramento no texto do outro, como revisor, sob uma perspectiva dialógica, discursiva. No entanto, não sendo essa sua opção primeira de formação e atuação, muitos dos egressos levam para a vida profissional a concepção do papel de revisor como um "extra", algo a se fazer apenas eventualmente. Essa representação dificulta um maior engajamento na profissionalização do ofício.

Hoje, percebe-se grande interesse de pesquisadores de diversas universidades brasileiras por temas atinentes à prática da revisão textual numa perspectiva discursiva – sobretudo a partir dos anos 2000. Entre eles, podem ser citados: Alves (2006), Dias (2015), Muniz Jr. (2009), Ribeiro (2012, 2024), Ribeiro e D' Andrea (2012), Perpétua e Guimarães (2010), Mourão (2010), Rodrigues (2010), Hermont e Assumpção (2010), Salgado (2007, 2013, 2016, 2024), Fedato e Coelho (2016), Fuza e Menegassi (2012) e todos os autores cujos capítulos compõem este volume. Esse é um ótimo indício[1].

[1] Massula (2017) mapeou periódicos Qualis A1, A2 e B1 que tratam, nos últimos dez anos, de aspectos atinentes ao fazer do profissional revisor de textos. Verificou que o período 2010/2015 contém o maior número de publicações e concluiu: "Embora o número de publicações de acordo com os critérios estabelecidos não seja muito amplo, os eixos temáticos dos artigos publicados são bastante heterogêneos e indicam uma tendência ao crescimento da relevância da atuação e do papel desse profissional no mercado editorial brasileiro" (Massula, 2017, p. 100-126). Disponível em: https://bit.ly/4mPvSFT. Acesso em: 2 jun. 2025.

Tais trabalhos, entre outros, ajudam a refletir sobre questões relevantes no processo de formação profissional. Elas precisam ser adequadamente tratadas: há semelhanças nas ações de corrigir e revisar textos, para além da relação intersubjetiva (professor/aluno, revisor/cliente), que se estabelece com o autor e tangencia o caráter de autoria? A ação mais aguda de intervenção num texto alheio – por vezes demandada ao revisor – é um processo de retextualização? Tal intervenção é um procedimento ético? Ao fazê-lo, há comprometimento no que respeita à autoria? É necessário (e possível) o apagamento/invisibilização do revisor no seu trabalho, para ele ser considerado eficiente?

Abordarei aqui alguns desses questionamentos usualmente feitos pelos alunos, que anseiam por um "manual" de intervenção, o que é impraticável! Não há uma estratégia formulaica pela qual todo tipo de intervenção textual possa se pautar. Isso ocorre porque cada texto, ainda que vinculável a outro do mesmo gênero, é um exemplar único e particular, circulará num contexto igualmente específico; portanto, precisa ser tratado nessa singularidade. Além disso, a realidade é dinâmica: as demandas sociais vão se modificando, novos gêneros textuais (orais, escritos, multimodais) começam a surgir nas práticas sociais e linguageiras. Estudiosos da língua(gem) têm se dedicado a investigar aspectos que, paulatinamente, vão criando formas de compreender e significar as relações mediadas pelo texto. No entanto, há um lapso entre o momento em que esse gênero passa a fazer parte do cotidiano e o momento em que se torna objeto de estudo e de ensino – dessa forma, há momentos de hibridização (de transição) que nos mostram ser impossível criar receitas para o trabalho de preparação textual.

Ainda que seja impossível uma análise cabal, são relevantes a explicitação e a discussão dos aspectos desafiantes do "ensinar a ser revisor". Certamente, há interfaces que vêm ao encontro de inquietações de outros profissionais da área, e assim podemos delinear melhor as circunstâncias dessa profissão tão antiga – visto que a revisão sempre se fez presente, de algum modo, sob a forma de revisão por outrem, de autorrevisão, desde que o ser humano passou a publicar seus escritos –, porém ainda incipiente em termos de profissionalização.

Este capítulo se organiza da seguinte forma: na próxima seção, tratarei de práticas linguísticas e editoriais, com breve incursão na questão da autoria; na sequência, discutirei aspectos da formação dos bacharelandos (futuros revisores) com base em breve relato de estratégias de ensino que tenho adotado; posteriormente, apresento as considerações finais sobre as discussões aqui iluminadas.

◇ PRÁTICAS LINGUÍSTICAS, PRÁTICAS EDITORIAIS E A QUESTÃO DA AUTORIA

Para Salgado (2013), há, no fazer daquele que trata do "artefato texto", uma mesclagem entre práticas linguísticas – de produção escrita para publicação, o que demanda aprendizagem de procedimentos técnicos, como catalogação e normalização – e práticas editoriais – decorrentes de demandas quanto à formação de leitores, à "expressiva multiplicação de títulos e autores" no mercado editorial etc.:

> Todas as etapas do tratamento gráfico que o material recebe no percurso editorial (impresso ou virtual) podem ser entendidas também como parte da criação, da composição, da construção de um livro. E isso vale inclusive para a etapa de revisão de

> provas, em que aspectos mais estritamente formais como normalizações, padronizações, correções de digitação e congêneres são observados na sua consonância com as condicionantes materiais, como capa, ilustração, diagramação das páginas, formato de notas, recursos de destaque etc. (Salgado, 2013, p. 265).

Para a mesma autora, em obra anterior,

> [...] seria possível supor que as *práticas editoriais linguísticas* são praxes do mercado de publicações, pois parece evidente que se deve garantir que todo material escrito destinado à circulação esteja "correto" ou adequado, no que diz respeito ao registro linguístico pretendido para a publicação, devidamente padronizado nas ocorrências de itens, maiúsculas e minúsculas, grafia de nomes etc., organizado nos expedientes como notas, apêndices, remissões internas, bibliografia etc. Já as *práticas linguísticas editoriais*, sendo um fenômeno recente, ligado a conhecimentos sobre leitura e às condições atuais do mercado editorial, seriam, então, um outro trabalho, antes linguístico que editorial, com atribuições contratuais menos claramente estabelecidas, por não serem previamente conhecidas, pois as necessidades dos textos é que costumam guiar esses trabalhadores. Portanto, se as primeiras estão previstas em todo projeto editorial, as últimas podem ou não acontecer e dependem sempre da avaliação do material, da disponibilidade dos autores e das casas editoras, dos prazos, dos fins, de uma série de condicionantes (Salgado, 2010, p. 145).

De forma sintética, o que se ressalta dessa confrontação entre práticas linguageiras seria o espaço inicial em que se dão: as editoriais, focadas no mercado; as linguísticas, na universidade, mas voltadas *para*/conectadas *com* as primeiras. Outro ponto que se salienta é o fato de as primeiras serem já consolidadas (tidas como obrigatórias) e as segundas, tomadas como facultativas, que emprestam ao fazer do revisor um caráter mais de possibilidade do que de institucionalidade. Assim, fica patente que precisamos formar os futuros revisores – portanto, pensar práticas linguageiras – em estreita relação com o dinamismo (as demandas, as mudanças tecnológicas, a imposição de um fluxo de trabalho etc.) inerente ao ambiente mercadológico (editorial) – não só como lastro de competência técnica para os egressos, mas também como fator de empregabilidade e empreendedorismo na área da revisão – criar uma empresa de prestação de serviços, por exemplo.

Com foco nas primeiras, na formação dos futuros revisores, no âmbito do curso de Letras, é preciso um cuidado diuturno com a visão da relação discursiva que medeia a produção e circulação de qualquer texto, enquanto dispositivo linguístico e sociocultural, salientando a questão da identidade autoral × coenunciação. O revisor atua em parceria com o autor, mas não em coautoria. Sendo leitor privilegiado, por ter acesso primeiro ao texto, deve agir de tal forma que sua intervenção – a qual extrapola a ideia de corrigir, padronizar, normalizar – não opere uma retextualização que sobreponha sua voz à do autor.

Assim é que, operando numa relação bastante tênue entre a fixação de gêneros textuais e de regras de normalização, a (des)sacralização de certas práticas discursivas, a (des)valorização de certas esferas de circulação e o (re)conhecimento de novas formas e moldes comunicativos – e novas tecnologias que lhes deem suporte –, o revisor profissional trabalha num limiar entre dois processos complementares de expressão (a escrita/a leitura) e, ao fazê-lo, concorre para preservar e fixar a identidade e o estilo do autor, o qual vê no produto algo inegavelmente seu. Para tanto, o revisor, em sua prática – a rigor, também uma coenunciação – simultaneamente precisa apagar marcas próprias de identidade e de estilo, posto que não figurará como (co)autor. Por mais que o revisor, como "coenunciador autorizado" (Salgado, 2010, p. 263) seja o responsável pela versão última, a mais primorosa possível do texto, ainda assim não receberá o mérito pelo (in)sucesso alcançado – aliás, quanto mais "invisível" essa relação de alteridade materializada nas diversas etapas de preparação do texto (e não só de revisão), tanto melhor terá sido o trabalho dos envolvidos.

Considerando-se essa necessária alteridade, vinculada às práticas de textualização/revisão num enquadre de texto como artefato sócio-histórico e cultural, Salgado (2010) destaca duas dimensões: a *tessitura* (que compreende a plasticidade, a "movência" do texto, sua abertura a novas recomposições) e a *textura* (que remete a aspectos mais "estabilizados ou estabilizantes" do texto, que o caracterizam como uma unidade de sentido). Para ela, "tessitura e textura são termos que procuram dar conta dos processos de produção e interpretação, simultâneos e implicados" (Salgado, 2013, p. 268).

Qual o valor dessa distinção para o trabalho de formação do revisor? É preciso mostrar, por meio de aporte teórico e estratégias de intervenção prática, que, apesar de o discurso ser lugar de instabilidades e variabilidade (semântico-pragmáticas e de outras naturezas), a consecução dos propósitos comunicativos não se realiza de forma aleatória ou caótica – assim como é instituído, o discurso (as práticas linguageiras) é (são) instituinte(s) da realidade: mesmo as instabilidades obedecem a certas regulações, preceitos ou usos validados, o que permite a existência do ato mesmo de "ensinar a ser revisor". O exercício dialético de análise e intervenção num exemplar específico de determinado gênero não assegura, de antemão, o desenvolvimento de uma competência abrangente, que confira ao futuro profissional a segurança de desincumbir-se com maestria de trabalho semelhante, com outro texto de gênero similar; o preparo acadêmico é insuficiente, em tempos de emergência e rápida obsolescência de ferramentas tecnológicas e de surgimento de novos gêneros e suportes. No entanto, a prática acadêmica o mais próxima da realidade extramuros visa a despertar-lhe o senso de atenção, de dialogismo, de interação com o outro (o autor) do qual será o "duplo".

FORMAÇÃO DE BACHARELANDOS EM LETRAS: PERCURSO PARA A COMPREENSÃO DO FAZER DO REVISOR

Na graduação em Letras – e, em certa medida, também na pós-graduação *lato sensu* em revisão de textos –, é facilmente perceptível a visão inicial que a maioria dos alunos tem com relação a ser revisor(a) de textos: um desdobramento quase linear da aprendizagem de conteúdos gramaticais (conhecer bem a gramática normativa em seus inúmeros regramentos).

Numa dinâmica inicial em disciplina específica do bacharelado[2], antes de qualquer abordagem teórica e buscando captar as representações iniciais que os estudantes trazem à pergunta "O que faz o(a) revisor(a) de textos?", deram-se as seguintes respostas:

[2] Disciplina Revisão de textos: Estratégias e Fontes de Consulta, do 5º período do Curso de Letras. Por razões éticas, os estudantes serão identificados pelo código A1, A2 etc. As respostas foram transcritas *ipsis litteris*, com os desvios gramaticais e, inclusive, algumas autocorreções – indicadas pelo tachado que recobre algumas palavras ou expressões e demonstra as reformulações do(a) próprio(a) graduando(a).

“Aplica técnicas de formatação, corrige erros de coesão, coerência etc.” (A1).

“Revisa textos, fazendo correções gramaticais como ortografia, sintaxe das orações, concordância verbal e nominal, regência verbal e nominal, dentre outros” (A2).

“Revisa, analisa e corrige, a partir de critérios pré-estabelecidos, textos de naturezas diversas” (A3).

“Eu entendo que o revisor de textos corrige e analisa o material (conteúdo) que venha a ser publicado” (A4).

“Busca aprimorar um texto através de aspectos como coerência e coesão, entre outros.”

“Acredito que ele atua de forma a melhorar um texto, para que ele fique esteticamente melhor e mais harmônico para o leitor” (A5).

“Analisa o sentido, a gramática e a estrutura do texto” (A6).

“Edita textos, revisa, oferecendo ideias para que o texto seja mais fluido, compreensível para o leitor” (A7).

“Pode atuar no campo editorial, jornalístico etc. observando estratégias de escrita.”

“Revisa textos que serão publicados (ou terão outros fins), tanto na gramática quanto em outros conteúdos. Prepara os textos para publicação” (A8).

“Edita e preenche o texto, melhorando-o” (A9).

“Revisa e corrige textos” (A10).

“Eu compreendo que este profissional vai adequar um texto ou artigo e analisará colocando de acordo do que está sendo pedido na sua demanda” (A11).

“Corrige o que está fora da norma-padrão, ajuda o autor a encontrar termos que se encaixem melhor naquele contexto” (A12).

Nota-se uma imprecisão nas respostas quanto ao nicho específico de ação do revisor, pois se mesclam conceitos como os de revisão, correção – processos vistos como "aplicação de técnicas" – e edição. Apenas alguns aspectos da textualização são mencionados (como coesão e coerência), mas não há uma consideração mais ampla nem do processo de produção, nem do de preparação textual, que prevê ações para além da revisão linguística e, portanto, atores com escopo de atuação maior do que a do revisor. Por isso, iniciamos as discussões sobre o fazer desse profissional levando em consideração as interfaces entre os processos de revisão, correção, reescrita – o que inclui a autorrevisão, ou "revisão em ação", promovida pelo autor – e a retextualização, dando o devido respaldo teórico a essa discussão, lemos e discutimos textos como os de Marcuschi (2004), sobre semelhanças e/ou diferenças entre oralidade e escrita e os processos de retextualização; Ribeiro e D'Andrea (2010) e Salgado (2010, 2013), sobre as múltiplas faces do processo editorial e da revisão, como uma das etapas; Ruiz (2013) e Assis (2006, 2014, 2019), sobre processos de correção e reescrita, entre outros autores dedicados ao estudo científico da linguagem. A amplitude do que seja o tratamento do texto começa a mostrar seus contornos bem desafiantes, pois é preciso desconstruir as representações equivocadas para conseguir ascender a um patamar adequado de dimensionamento do ofício.

Noções como as de texto, textualidade e gêneros precisam ser revisitadas; a normatização – sobretudo no que tange à normalização de trabalhos acadêmicos e suas atualizações – deve ser (re)apresentada; os conhecimentos da gramática normativa carecem de ser retomados e trabalhados, dadas as fragilidades na formação básica da maioria dos graduandos. Os aprendizes precisam compreender adequadamente o texto sob a ótica de produtores e "usuários" da língua, além da perspectiva de "analistas" do texto, que o concebam como instrumento de estudo e de trabalho. No entanto, trata-se de um material não inerte, isto é, um construto que, por revelar em si indícios do seu processo de geração, se torna maleável, plástico. Considerar o texto nessa relação intersubjetiva, inerentemente discursiva, exige trabalho bastante cuidadoso daquele que atua sobre essa materialidade.

Na mesma atividade mencionada acima, os graduandos elaboraram – ou reproduziram de memória, pois não houve consulta – os seguintes conceitos de texto:

> "É uma prática social que busca transmitir um conceito ou ideia" (A1).
>
> "Meio de transmissão da linguagem, seja por meio oral, escrito, gestual, dentre outros" (A2).
>
> "Geralmente encontrado na modalidade escrita, o texto é a formalização de uma argumentação ou apontamento sobre um determinado tema pré-selecionado pelo autor" (A3).
>
> "O texto é um elaborado de palavras, frases, contextos, que são articulados para promover ideias etc." (A4).
>
> "Uma construção que usa da língua/ linguagem para produzir sentido" (A5).
>
> "Várias frases conectadas que formam uma cadeia de sentido" (A6).
>
> "Manifestação da linguagem tanto oral quanto escrita" (A7).
>
> "Um meio de transmitir sentido através do uso da língua" (A8).
>
> "Conjunto de práticas sociais que fazem sentido no espaço-tempo" (A9).
>
> "É algo (um conjunto de palavras, talvez) que discorre acerca de determinado assunto. É uma construção social" (A10).

> "Argumentação oral e/ou escrita sobre qualquer assunto, para abordar um tema" (A11).
>
> "É um conjunto de enunciado ~~escrito~~ e palavras a fim de formar e estabelecer sentido" (A12).
>
> "O texto podemos encontrar de várias formas; seja de um artigo acadêmico, uma matéria de jornal ou até mesmo um anúncio de uma revista" (A13).
>
> "Todo e qualquer enunciado que transmita uma ideia" (A14).

Todos eles vêm tendo na universidade, desde o 1º período do curso, acesso a uma abordagem discursiva e sociointeracionista de texto, em que se vê a materialização de uma prática linguageira como resultado de todo um contexto sócio-histórico – e portanto, também político-econômico e cultural – no qual os coenunciadores se creem "protagonistas" do que dizem. Entretanto, são inexoravelmente premidos, marcados pelas práticas sociais de linguagem de que participam.

Curiosamente, há alunos que ainda definem texto como "um conjunto de palavras, talvez" (A10) ou "um conjunto de palavras, frases..." (A4). Embora estejam, desde o início do curso, convivendo com a abordagem de texto e dos gêneros textuais/discursivos como materialidade do discurso, ainda têm dificuldade em delinear os gêneros do cotidiano; por exemplo, um aluno diz: "Até mesmo um anúncio de uma revista" (A13), em que a partícula de inclusão gera um estranhamento e remete à reflexão oposta (por que um anúncio não o seria?) e a um questionamento sobre o ranqueamento de gêneros, conforme o espaço em que se dão sua produção e recepção, haja vista a supervalorização de gêneros como artigo científico e resenha (crítica ou temática) na universidade, em detrimento de outros gêneros bastante comuns no cotidiano (bilhetes ou *e-mails*, listas de compras, receitas culinárias, horóscopo *etc.*).

Assim, é crucial construir com os alunos uma noção adequada do material de trabalho por excelência do revisor, o texto, produção considerada em sua dupla dimensão: ato de produzir – portanto, processo – e resultado desse ato – logo, produto –, fruto de uma relação dialética fundante das práticas humanas de linguagem. Nesse sentido, Muniz Jr. (2009) salienta o trabalho do revisor como atividade eminentemente discursiva, decorrente da prática dialógica que se estabelece entre autor/revisor:

> Ora, é fundamental dar a ver os conflitos, silenciamentos, concepções de escrita e reescrita que se põem em jogo nessa atividade, para pôr em destaque o texto como lugar privilegiado de embate de valores. Do mesmo modo, é preciso considerar essa atividade linguageira numa situação de trabalho mercantil que tem sofrido profundas transformações nas últimas décadas. Também é fundamental contrapor as abordagens funcionalistas e os discursos empiristas de lugar-comum, que falam do trabalho pela via da prescrição e tratam da linguagem pela via do código. Afinal, eles não têm dado conta de pensar a materialidade e a subjetividade do trabalhador a partir de suas condições concretas. Tais condições vão muito além da prescrição e do código: elas estão enraizadas nas ações ordinárias, nos conflitos que fazem da atividade de trabalho algo sempre único, embora condicionado por fatores sociais de grande envergadura. É na relação dialética entre micro e o macro que se encontra, enfim, sua historicidade (p. 3).

Com base na perspectiva de texto como tessitura e como trabalho intersubjetivo – como explicitam em seus conceitos A1, A5 e A9 –, vamos reiterando a noção de que cada texto é produzido em situação concreta e singular que já delineia formas de inserção do autor no próprio texto por meio da escolha de modos de dizer específicos, e não de outros. Tomando como objeto de estudo as representações dos estudantes, vamos destacando a inscrição de valores, crenças e representações de um autor em seus textos, às vezes de forma clara, às vezes de forma velada, o que se indicia pela seleção lexical e pelas estruturas escolhidas. Isso concorre para desconstruir a visão, por tanto tempo reinante, do texto como produto acabado e para fixar a perspectiva (dialética) do texto como (inter)ação por meio da linguagem. Dessa forma, começamos a pôr em xeque a visão inicial da revisão do texto como mera "higienização", uma vez que aspectos imprescindíveis da tessitura – intertextualidade, intencionalidade, conectividade, em que se abrigam os aspectos cruciais da coesão e da coerência textuais, entre outros (cf. Costa Val, 2000, 2004) – se destacam. Assim, enunciadores como A4, A6 e A 10 podem ir burilando as concepções iniciais e ampliando sua perspectiva de texto e textualização.

Em relação a esse último tópico, discutimos noções como a de Beaugrande e Dressler (1981 *apud* Costa Val, 2000, p. 11), para quem há três princípios reguladores da comunicação – aspectos que, de maneira genérica, norteiam a produção textual, no que tange à intencionalidade do produtor, e se constituem em parâmetros para o trabalho de intervenção pelo revisor: o requisito de eficiência (atingir uma forma que demande menor esforço tanto do enunciador/produtor quanto do enunciatário/leitor); de eficácia (obter a melhor forma possível para alcançar os objetivos daquela produção textual, de modo a predispor favoravelmente o enunciatário/leitor); e de adequação (inserção bem-sucedida com relação ao contexto de produção, ao gênero assumido e ao suporte em que será veiculado o texto)[3].

[3] Em trabalho anterior (Alves; Barros, 2017), discute-se a contribuição de Beaugrande e Dressler (1981 *apud* Costa Val, 2000) para a delimitação do que caracteriza ou constitui uma adequada textualização, tópico que pode levar os alunos a compreenderem que a intervenção do revisor não se limita à coesão e à coerência.

O sentido de um texto e seu uso são decididos com base na própria situação de enunciação. Discutir e verificar como se dão concretamente suas condições de produção – ou de "tessitura" –, tomando para análise textos autênticos divulgados em diferentes suportes – impressos e digitais –, permite aos aprendizes passarem gradualmente a perceber as pistas deixadas na materialidade do texto – salientando-se a "textura", que servirá ao revisor como elemento para definir a intervenção a ser realizada.

O TRABALHO DO REVISOR E AS PRÁTICAS EDITORIAIS

Um terceiro aspecto pertinente a observar é a clareza que os graduandos têm – ou não – do que seria estritamente o lócus de atuação do revisor em um mercado editorial capitalista, no qual se verificam relações de mercantilização da palavra – em que determinados dizeres valem mais/menos do que outros. O revisor se dedica àquilo que o distingue de outros profissionais, como, por exemplo, o editor, o produtor de conteúdos para plataformas digitais etc. Com esse intuito em mente, os alunos refletem sobre a questão seguinte: "Qual a diferença entre revisar e corrigir?". Vejamos as respostas:

> "Revisar é um ato muito mais amplo, que envolve adequar o texto a determinadas normas, por exemplo, e não apenas corrigir desvios ortográficos" (A1).
>
> "Acredito que corrigir está somente no âmbito das regras gramaticais, enquanto revisar, além de se corrigir de acordo com a gramática, também rever as escolhas de palavras, que melhor se adéquam no texto, sem tirar a identidade daquele que escreveu" (A2).

"Revisar me parece uma pontuação mais participativa dentro do texto em questão, já a correção se dá como um distanciamento de quem a faz, seguindo critérios pré-selecionados e pontuando adaptações no texto" (A3).

"A diferença entre revisar é verificar o que outra pessoa redigiu e corrigir é fazer a devida correção ortográfica etc." (A4).

"Acredito que na revisão é maior o contato entre quem escreve e quem lê, para que não se perca a identidade de escritor" (A5).

"Acredito que as duas práticas estejam conectadas, mas revisar não significa necessariamente corrigir. Acho que correção está mais ligada a modificações dos erros ou falhas cometidas pelo escritor" (A6).

"Acredito que a diferença é que revisar vai além de corrigir textos e é mais voltada para uma análise de sentido e o propósito do texto" (A7).

"Na revisão não se analisa apenas o aspecto gramatical, mas também a questão social, ideológica, valorizando o aprimoramento do texto sem abandonar a essência deste" (A8).

"A correção se limita a gramática, já a revisão engloba estratégias para que o texto se adeque a um público ou meio de circulação" (A9).

"Creio que revisar é conferir se está tudo em ordem no texto, se as coisas estão no lugar; e corrigir é arrumar possíveis erros que serão encontrados ali" (A10).

"Sei que são conceitos diferentes, mas não consigo diferenciá-los totalmente. Corrigir é um erro gramatical, concordância, e revisar é moldar o texto de acordo com as características dele" (A11).

"Revisar é verificar se a formatação do texto está dentro do padrão escolhido. Já corrigir, é fazer alterações no texto, consertar erros gramaticais" (A12).

> "Eu entendo que revisar é quando você recebe um texto acadêmico pronto. É necessário de uma pessoa adequar de acordo com as normas de cada instituição. Já corrigir é analisar se o texto tem palavras erradas, estruturas gramáticas estão de acordo se tem coerência ou coesão" (A13).
>
> "Acho que a noção de corrigir está mais ligada a algo que está se fazendo sozinho, e revisar parece que há uma maior interação entre autor-revisor" (A14).

Uma das falas destaca: "Revisar me parece uma pontuação mais participativa dentro do texto em questão", em que se confrontam duas perspectivas – a da "pontuação" (o pontual é incisivo e momentâneo...) e a da "participação" (o que imprimiria um tom colaborativo e processual...). Notam-se, nas contribuições dos alunos, as seguintes dicotomias:

Quadro 1 – Comparação entre revisar e corrigir

Aspecto	Revisar	Corrigir
Amplitude	Maior	Menor
Tipo de intervenção	Adequar às normas	Eliminar desvios ortográficos
Escopo	Atentar a regras gramaticais, escolhas lexicais e aspectos autorais, verificar o que outra pessoa escreveu é voltar-se mais para uma análise de sentido e o propósito do texto; na revisão não se analisa apenas o aspecto gramatical, mas também a questão social, ideológica, valorizando o aprimoramento do texto sem abandonar a essência deste; conferir se está tudo em ordem no texto, se as coisas estão no lugar; moldar o texto de acordo com as características dele; verificar se a formatação do texto está dentro do padrão escolhido; adequar conforme as normas de cada instituição.	Âmbito estrito das regras gramaticais; segue critérios preestabelecidos; "pontua" adequações no texto; está ligada a modificações dos erros ou falhas cometidos pelo escritor; arrumar possíveis erros que serão encontrados ali; fazer alterações no texto, consertar "erros gramaticais"; analisar se o texto tem palavras erradas, se as estruturas gramaticais estão de acordo, se o texto tem coerência ou coesão.
Relação com o autor	Participativa; maior contato, para evitar perda de identidade do escritor; mais interativa.	Maior distanciamento; isolamento — faz-se a correção sozinho(a).

Fonte: Elaboração da autora.

Depreende-se do quadro 1 que os aprendizes têm noção das interfaces entre as ações de revisar e corrigir, porém não sabem delinear muito bem os limites dessas formas de intervenção no texto alheio. Para muitos, o fato de ser resolutivo – ou seja, eliminar os erros gramaticais existentes no texto – é típico do corretor comum no fazer pedagógico (relação professor/aluno, por exemplo), ao passo que "conferir se está tudo em ordem", isto é, analisar o texto e seu propósito, seria função do revisor. Há aqui um equívoco porque as funções de análise, avaliação das (in)adequações e proposição de intervenções pode se dar tanto na relação pedagógica (professor/aluno) quanto numa relação mais "comercial" entre o revisor e seu cliente. O fato de ser uma relação mais próxima ou distanciada, por sua vez, também não caracteriza apenas uma das etapas de intervenção no texto – há professores que dão *feedback* a seus alunos a partir dos textos, propõem refeitura ou autocorreção, adotam modos de intervenção indicativa ou classificatória, bem como a textual-interativa[4] – e igualmente há revisores extremamente distanciados dos autores que lhes confiam os originais para revisar – e que adotam sobretudo a correção resolutiva.

Uma questão que rotineiramente ocupa os debates no processo de formação de revisores (na graduação ou na pós-graduação, na modalidade presencial ou a distância) é o grau de intervenção possível e desejável num texto sem que isso implique desvanecimento autoral do produtor em face de uma prevalência do revisor. Se, por um lado, às vezes, as intervenções se prendem à forma mais superficial (cor-

[4] Sobre os modos de intervenção em textos de alunos, em processo de aprendizagem da escrita, ver Ruiz (2013), Assis (2014, 2019), Ribeiro e D'Andrea (2015), entre outros.

reção de aspectos da microestrutura linguística), casos há em que se espera do revisor um olhar mais abrangente e verticalizado sobre o texto, em especial quando se trata de uma primeira incursão do autor numa esfera cujas práticas discursivas não domina (por exemplo, uma primeira experiência de produção de monografia), situação em que, como salientam Gomide e Gomide Filho (2015, p. 8), "geralmente é preciso fazer intervenções maiores, reformulando trechos, excluindo outros, com o objetivo de que o texto se torne adequado ao que preveem as práticas discursivas usualmente privilegiadas na academia".

Assim é que, para perceber a expectativa (termos ideais) e a necessidade (real) de sua intervenção, o revisor precisa

> [...] ter senso crítico e estético em relação à estrutura e aos usos da língua portuguesa, também às normas de padronização, à correção ortográfica e ao sentido dos textos. O revisor precisa ler, entender o conteúdo e corrigir os problemas linguísticos e ortográficos ou de digitação, como letras duplicadas ou inversões indevidas; quer dizer, o revisor precisa saber como propor alterações pertinentes nos textos, cuidando para que se tornem plenamente adequados para publicação (Gomide; Gomide Filho, 2015, p. 342-343).

Obviamente, alcançar um grau de proficiência em todas as áreas demandadas – aspectos linguístico-textuais; de normalização (geral, como APA, Vancouver ou ABNT), além das adaptações feitas por várias das instituições acadêmicas ou similares (como universidades, agências de fomento) a projetos, por exemplo; do conhecimento pragmático, entre outros aspectos, que assegurem o reconhecimento profissional e uma remuneração compatível com a dedicação requerida – é um processo de longo prazo. Sabedores disso, fica mais tranquilo fomentar nos revisores aprendizes um senso necessário de responsabilidade e de desejo de formação continuada.

TENTATIVA DE CONSTRUÇÃO DO OLHAR DO FUTURO REVISOR: UMA EXPERIÊNCIA DE TRABALHO

O trabalho profissional com a preparação do texto, em todas as suas fases, evidencia demandas distintas, o que faria pressupor muitos atores envolvidos. Para além da relação triádica – tomando-se como agentes o autor e o leitor e como instrumento o texto –, em publicações impressas ou em meio digital, presume-se a intervenção de outros profissionais, a fim de obter a melhor forma, "burilada" a partir de uma versão inicial – o revisor, o *designer* (responsável pela formatação e criação de uma "moldura" adequada para o texto), o editor etc.

Em relação à revisão, nem sempre as editoras dispõem de um profissional específico – e se delega tal trabalho a um *freelancer,* por exemplo. Não raro, nos créditos de expediente mais detalhados, conectam-se as ações do revisor e do preparador (ou do editor): assim, o primeiro organiza o texto do ponto de vista formal – paragrafação, normalização dos títulos, subtítulos etc. – e discursivo, enquanto o outro – seja o editor, seja o preparador – pode se dedicar a outras nuances da versão final:

> Talvez *preparação de textos* pudesse referir tudo o que se faz para que um original vá a público, isto é, todos os ritos genéticos editoriais. Nesse caso, como uma expressão abarcante. *Revisão de textos* poderia referir especificamente a re-visão de algo que, estando pronto (já foi preparado), pede ainda um olhar rigoroso, que garanta o que foi feito na preparação (...) A atividade de copidesque consiste na *redação final de um texto*

com vistas à sua publicação; correção, aperfeiçoamento e adequação de um texto escrito às normas gramaticais, editoriais, etc.; ou na *revisão de texto a ser publicado, tendo em vista a correção ortográfica e gramatical, a clareza, a adequação às normas editoriais, os cortes para se obter a extensão devida etc.* (Salgado, 2007, p. 145).

Na realidade, porém, nem sempre as funções ficam tão delimitadas no que tange a cada uma delas. Além disso, embora trabalhemos com textos em que figuram gêneros, há atualmente grande hibridização, o que traz dificuldades ao revisor; as interfaces, ignoradas – às vezes até de forma mais ampla, como o limiar entre artigo e ensaio –, podem dar margem a confusões quanto à melhor forma de tomá-lo como objeto de trabalho.

A primeira representação do revisor em formação passa pela concepção de que um bom texto (publicável) precisa ter características específicas, como coesão e coerência – condições necessárias certamente, porém não suficientes. Para chegar a essa conclusão, é preciso trabalhar paralelamente aspectos teóricos e práticos referentes à textualização, a fim de que possam constatar – e não apenas compreender – que um texto coerente e coeso atende a requisitos diversos – entre outros, os de *continuidade* (retomada de elementos no decorrer do texto, usando, para isso, recursos como artigos definidos, pronomes anafóricos, dêiticos, entre outros); de *progressão* (necessidade de evolução semântica, fazendo com que haja inter-relação entre o conhecido e o novo, numa soma de ideias ao longo do texto); de *elementos* como conectivos, modalizadores, pronomes catafóricos, responsáveis tanto pela continuidade quanto pela progressão, visto que colaboram para a manutenção da conexão entre as ideias, de modo a não perder a linha pela qual o texto se desenrola; de *não contradição* (constituição de coerência própria, pautada na expectativa da verdade ou da verossimilhança, conforme o gênero), enfim, de uma adequada *articulação*, que abrange todos os quesitos anteriores, pois consiste em correlacionar as ideias no texto, utilizando-se, além do plano lógico semântico-conceitual (ou da coerência), dos recursos linguísticos (como conjunções, expressões conjuntivas, retificadoras etc.) e da ordem linear de apresentação dos elementos do texto (as conjunções temporais, alguns advérbios e expressões de valor adverbial, os numerais ordinais e alguns adjetivos).

Esse trabalho teórico-prático visa mostrar quão bom leitor, crítico e atento, o revisor precisa ser, visto que a coerência também passa pela leitura adequada da realidade do mundo em que o texto está inserido. Assim, são distintos os parâmetros de revisão de textos inscritos num conjunto de gêneros da esfera literária e os de outros da esfera acadêmica; porém, um ponto de contato há entre todos, visto que os textos constituem discursos imersos em contradições inerentes ao contexto de produção, às circunstâncias do autor, aos interdiscursos silenciados ou privilegiados por ele etc.

Adicionalmente ao cuidado com a apropriação dos saberes "técnicos" referentes às intervenções textuais, os novos revisores em formação nasceram e estão crescendo em um mundo de grandes avanços tecnológicos, de rápida obsolescência de equipamentos e de profundas alterações nas estratégias de ser, estar e conviver – no mundo pessoal e profissional. Isso inegavelmente gera mudanças no modo de enxergar esse ofício. Por exemplo, as práticas inovadoras de escrita compartilhada e de uso compartilhado de locais de trabalho (físicos, como os ambientes de *coworking*, ou virtuais, como as ferramentas de escrita a várias mãos, entre elas o Google Docs[5]), bem como as ferramentas mais que atrativas da Inteligência Artificial (IA), que geram também questionamentos (éticos) sobre autoria, plágio etc.

As novas mídias de comunicação fizeram emergir um contexto de produção e circulação de textos pautado pela premência e imediatez. Isso gera inúmeras situações nas quais o texto vem a público com imperfeições que deveriam ter sido eliminadas. Como os jovens em formação "curtem" muito esse ambiente virtual e suas ferramentas digitais, é possível começar nossas práticas reflexivas sempre por meio de textos veiculados no ambiente virtual.

Não é preciso vasta procura em textos publicados eletronicamente para encontrar toda a gama de incorreções linguísticas – se tomarmos a norma-padrão como referência. Não apenas os *blogs*, que por si já constituem um suporte mais informal para publicação, os jornais eletrônicos, mesmo de empresas consolidadas no mercado, oferecem amplo repertório de problemas linguísticos[6]. Assim, solicito a eles que tragam exemplos – também eu os forneço; o crucial é que sejam tex-

[5] O Google Docs é um pacote de aplicativos e dispõe de uma série de dispositivos que permitem trabalho de escrita/reescrita compartilhada com o registro (marcas) de todas as alterações efetuadas, permitindo aceitação ou rejeição das intervenções no texto.

[6] A título de exemplificação, segue notícia trabalhada em sala de aula: https://br.yahoo.com/esportes/noticias/o-modelo-avi%C3%A3o-em-que-113614145.html. Acesso em: 2 jun. 2025. "Segundo o especialista, esse tipo de avião, o Piper Malibu, tem histórico de queda e **que** já tinha caído em 160 ocasiões anteriores. É um verdadeiro risco voar em um avião **de** monomotor, especialmente no inverno e, definitivamente, **a** noite. **Existem problema** de congelamento também. Já **houveram** 160 sérias quedas, sendo que 55 foram fatais. Desde 2000, já **houveram** 24 acidentes fatais. Não tem como comparar **com** o que chamamos de 'aviação geral' **com** um voo comercial, que

tos autênticos e, por isso mesmo, "situados", isto é, inscritos em um contexto sócio-histórico que igualmente será alvo de nossas discussões, uma vez que tanto a formação quanto a atuação desses sujeitos se darão em contextos similares, com todas as contingências, o que de princípio já evidencia, como seminalmente explicitou o grande teórico russo Volóchinov, que inexiste discurso que não seja ideológico, pois "[o] campo ideológico coincide com o campo dos signos. Eles podem ser igualados. Onde há signo há também ideologia. *Tudo o que é ideológico possui significação sígnica*" (Volóchinov, 2017, p. 93).

A partir de exemplos por vezes pertencentes a diferentes editorias de um mesmo jornal eletrônico – possivelmente produzidos por apenas um ou por vários redatores –, é possível mostrar aos aprendizes uma entrada em textos que circulam socialmente, de modo a reconhecer seus elementos constitutivos, (inter)discursivos e linguísticos, e já começar a considerar, de forma teórico-prática, a existência de diversos contextos nos quais se demanda a norma-padrão. Contudo, seja por desconhecimento do produtor/redator, seja por falta de revisão (autorrevisão ou por terceiros), proliferam textos com uma forma

◇◇ é extremamente seguro e os acidentes são muito raros – disse **Rosenschein Cardiff** não organizou o voo".

Uma entrada se dá pela forma: os problemas de regência verbal e nominal (ausência de crase, inserção de preposição não exigida), de concordância verbal, de pontuação, entre outros, que concorrem para uma leitura sem a necessária fluência – e criam uma imagem de autor/tradutor ou editor descompromissado com a forma apropriada de publicação de um texto. Outra entrada no texto se dá por sua textualização: destacamos o recurso a outras vozes – a heterogeneidade marcada mostra, nos termos de Authier-Revuz (2004), a presença de vozes credenciadas (os especialistas), o que supostamente lhe imprime confiabilidade. Com o texto sobre a queda de avião que matou um jogador de futebol argentino e um piloto, pode-se constatar a inserção de várias vozes, seja por pistas óbvias, como o nome do interlocutor, seja por detalhes mais sutis, como o uso (traduzido) de um operador ("definitivamente"), em situação distinta da usual no português do Brasil.

bastante descuidada; portanto, eis aí nos novos suportes e/ou modalidades virtuais um espaço a ser conquistado e ocupado pelos profissionais da área da revisão.

Quanto à (presumida) ausência de profissionais dedicados à revisão em muitos desses veículos, podemos aventar – e investigar – um conjunto de explicações potenciais para a frequência exacerbada de erros linguísticos – e explorar formas de intervenção – nos textos que circulam:

(a) a existência de "corretores" automáticos fez crer erroneamente que a correção textual se daria por meio do acionamento dessas ferramentas digitais de correção ortográfica; trata-se de um equívoco persistente há décadas, pois se confunde a textualidade com a "higienização" (eliminação de problemas ortográficos – do plano morfológico e sintático);

(b) a prevalência de jornais e outros suportes eletrônicos, aliada à rapidez demandada para disponibilizar a notícia quase que simultaneamente a seu acontecimento (coloca-se nas páginas, inclusive, o horário em que foi publicada), não há um tempo de "amadurecimento" do texto, isto é, de escrita e revisão (o que permitiria o aprimoramento da forma); por vezes, devido ao "copiar/colar" a fim de ganhar tempo, os textos vêm a público portando imperfeições grosseiras que o próprio autor, caso fizesse uma releitura atenta, poderia eliminar. Desapareceu também a figura do *ombudsman*, leitor crítico que, *a posteriori*, indicava, numa *errata*, problemas de edição anterior e sua correção. No caso das revistas eletrônicas (periódicos usualmente vinculados a instituições produtoras de conhecimento

– fundações, universidades etc.), a situação é um pouco melhor. Como há um longo processamento do texto, com envio a pareceristas (avaliação cega por pares, os quais funcionam como "revisores técnicos", pois lançam um olhar tanto à forma quanto ao conteúdo), reenvio ao autor para correções (quando se fazem necessárias), e a edição em si (o que envolve diagramação, checagem da forma e cotejo entre o original e a versão revisada pelo autor, entre outras etapas)[7], há uma probabilidade maior de o texto ser publicado num patamar de melhor qualidade linguístico-textual; mesmo assim, não raro passam pequenos deslizes linguísticos;

(c) a formação inadequada dos profissionais que se dedicam à tarefa de revisão: dada uma crença generalizada de que basta "ser bom em português" para ser bom revisor, muitos assumem essa tarefa tão exigente como um "bico", um "frila" para ampliar a própria renda. No âmbito da pós-graduação, egressos, por vezes, de cursos como Comunicação Social (Jornalismo ou Publicidade e Propaganda) ou ainda de Direito ou Pedagogia[8], ou mesmo de Letras (licen-

[7] Há periódicos que atribuem a revisão linguístico-textual ao(s) autor(es), cabendo-lhe(s) toda a responsabilidade pela adequação linguística, observância da normatização (conforme o padrão habitual da área em que se inscreve o trabalho acadêmico-científico); outros cobram do(s) autor(es), após aprovação do trabalho para publicação, uma taxa para cobrir os custos de revisão – ou indicam revisores específicos de confiança do editor, zelando por uma harmonia no volume publicado; outros periódicos dispõem de revisor – situação cada vez mais escassa num contexto em que diversos periódicos assumem apenas a versão eletrônica (alguns deles descontinuando uma linha de publicação impressa já tradicional).

[8] Indiquei esses cursos a partir da experiência como professora e como coordenadora da pós-graduação *lato sensu* de Revisão de Textos do IEC PUC Minas. São

ciatura, sem terem cursado as disciplinas específicas do bacharelado), iniciam seus estudos – e infelizmente alguns os concluem – com representações inadequadas da profissão, do trabalho de intervenção textual. Ingressam no mercado ainda ignorantes das múltiplas facetas do ofício (conhecimento da norma, do gênero, das condições de textualidade, da esfera de circulação em que o texto será lido e avaliado a partir de lentes específicas etc.);

(d) Desconhecimento do que é específico do revisor naquele contexto determinado e do que seria atinente a um profissional de maior escopo de atuação, o preparador de texto ou editor – o que explicitamos aqui.

É preciso salientar que o bom profissional de revisão trabalha, desde o início de sua formação, com o texto em diferentes níveis – o linguístico, o gráfico, o normalizador e o temático –, o que coloca sua atividade numa zona de confluência de saberes técnicos do âmbito da Comunicação (diagramação, adequação de fontes e outros sinais etc.), de conhecimentos linguísticos e pragmáticos. Além disso, o revisor precisa constituir-se num leitor atento, cujos conhecimentos sobre as dimensões indicadas são postos à prova todo o tempo. Num texto literário, deverá ser capaz, por exemplo, de perceber incongruências na caracterização de um personagem e indicá-las ao autor; num texto acadêmico, de perceber aspectos que possam tornar a argumentação incoerente; em ambos os casos, na esfera ficcional e na não ficcional, é necessário

◇ basicamente – embora não exclusivamente – esses os graduados que compõem as turmas ao longo dos últimos 15 anos...

haver observância dos princípios da coerência (linguística e temática) mencionados.

Ainda no que concerne à formação do olhar/da "escuta" necessários ao revisor para a realização de um bom trabalho, são pertinentes mais alguns aspectos referentes à coenunciação (jamais à coautoria) e aos limites (inclusive éticos) da intervenção. Saber o que pretendia dizer o autor, isto é, interpretar corretamente o exemplar, confrontar essa intencionalidade pretendida com o modo de dizer e intervir para apurar a forma acabam também por instaurar outras discussões relevantes sobre o tema.

Qual o limite da intervenção? Em se tratando de uma relação pedagógica (entre professor e aluno, mediada pelo texto escrito), a intervenção tem caráter marcado pelo objetivo dessa relação, qual seja, ensinar o aprendiz a escrever melhor, a tornar-se autônomo nesse processo e capaz, ao fim de um processo bem construído, de promover a autocorreção de seus escritos.

No entanto, quando se trata de uma relação profissional entre contratante (autor) e contratado (revisor), é preciso ter em mente vários aspectos: dimensionar a expectativa do autor, bem como a própria percepção do seu estilo de escrita e possíveis fragilidades em lidar com a norma-padrão; nesse caso, pode ser maior a delegação de inserção do revisor no texto, especialmente se houver entre ambos uma relação de confiança. Não se espera, em princípio, que se trate de coautoria, porém.

Outra dúvida recorrente é sobre como deve ser o diálogo estabelecido entre autor e revisor – raramente presencial, muitas vezes mediatizado (por *e-mail,* videoconferência, WhatsApp etc.). Essa interação é crucial para o bom andamento do trabalho, partindo do pressuposto de que o autor, ao confiar seu trabalho ao revisor como leitor privilegiado, acredita na competência deste para fazer o aprimoramento da forma. Assim, embora haja um espaço de negociação – ao enviar a cópia com marcações, por exemplo, ao lado da cópia "limpa", finalizada, o autor pode constatar o que foi alterado –, não são esperadas grandes resistências por parte do autor/demandante da revisão. O revisor efetivamente deverá ter adotado procedimentos resolutivos na maior parte do tempo, indicativos em alguns pontos e interativos (bilhetes em que apareçam dúvidas não solucionáveis sem a anuência ou esclarecimento do autor) em menor frequência. Em casos específicos, havendo mais de uma possibilidade – escolhas lexicais, sentidos que não sejam conflitantes, estruturas de caráter facultativo –, uma conversa breve poderá ajudar a efetivar a seleção de forma harmoniosa e consensual.

Em minha experiência, um trabalho tem ressignificado a concepção do que seja texto e o que a intervenção em um "artefato" como esse implica: durante um semestre (7º período), os alunos do bacharelado devem produzir um artigo acadêmico sobre aspectos caros ao trabalho do revisor. Eles recebem orientação personalizada (referências, ajuda na obtenção de *corpus*, se for o caso) e precisam apresentar, no mínimo, três versões. Na interação com cada aluno, presencialmente ou por *e-mail* (*online*), é possível perceber não só os anseios, mas também as concepções e dificuldades que apresentam, e intervir para sanar tais problemas. Ao posicionar-se de forma autoral – efetivamente, e não apenas por meio das discussões teóricas –, há condições mais propícias para o aprendiz vivenciar a dimensão dupla, característica dessa interlocução, por meio do intercâmbio de posicionamentos, ora como autor, ora como leitor e revisor – do próprio trabalho e do trabalho de um colega, pois há a troca do artigo produzido e, ao final, apresentação oral.

Assim, aspectos discursivos desse processo de construção autoral se revelam no envio e na devolutiva das versões (no mínimo três); nas discussões em sala, respaldadas nas dúvidas explicitadas e nas inseguranças no trato da língua, evidenciadas ao tomar a palavra; e sobretudo nas discussões referentes à assunção do papel autoral, da alteridade por meio dessa construção, e no exercício significativo de uma escrita acadêmica com propósito, sem artificialização.

Outra prática corriqueira, extensionista, verifica-se como parte de uma das avaliações: os discentes revisam artigos de periódicos da universidade, que serão efetivamente publicados. No volume, na seção de Expediente, os estudantes têm seus nomes indicados como revisores, e isso é inserível no Currículo Lattes.

Em ambos os casos, para que haja a adequada textualidade, a fim de que o texto se constitua efetivamente como um "artefato de marcas escritas", nos dois primeiros meses de aula, o foco reside na leitura e discussão de textos teóricos referentes a:

(a) condições de textualidade/aspectos de textualização;
(b) distinção entre diferentes formas de intervir num texto (revisão, correção, retextualização, reescrita), com prática de cada um dos processos[9];

[9] Quando lidamos com a correção, trazemos à discussão os tipos de correção e a pertinência de cada forma – resolutiva, indicativa, classificatória, textual-interativa (Assis, 2006) –, ressaltando a maior adequação, sempre que possível, da interação dialógica direta com o autor.

(c) aspectos discursivos da revisão – leitura, discussão e debate de textos teóricos (Rodrigues, 2015a, 2015b; Mourão, 2010);
(d) aspectos linguísticos formais (sintaxe de regência e concordância, colocação pronominal etc.);
(e) normalização e uso de aspectos gráficos atinentes ao gênero de texto trabalhado (uso de aspas, itálico, negrito normalização etc.).

Isso reforça o sentido de ambas as práticas – tanto da produção (ter algo a dizer e saber como fazê-lo, numa prática investigativa) como da recepção/revisão dos textos, próprios ou dos colegas, e até mesmo de autores cujos trabalhos foram aprovados para publicação (numa prática extensionista) –, redefinindo lugares sociais e fomentando posicionamentos críticos – e, portanto, auxiliando na construção de traços identitários como profissional da área.

Por meio dessas vivências, que conjugam o processo de produção e o de tratamento do texto (em algumas das etapas), pode-se discutir a figura do autor, bem como as relações dialógicas e interativas entre alguns dos sujeitos do processo, visando destacar as relações de alteridade (autor/revisor como leitor do texto original e autor como leitor do texto revisado; autor/aluno como autorrevisor; professor como leitor/revisor técnico/corretor – enfim, são várias relações que se vão descortinando, propiciando maior reflexividade ao profissional em formação).

No trabalho de Massula (2017), quando da classificação e organização dos textos publicados, percebemos que eles se inscreviam em categorias, que replico a seguir:

(a) conhecimento de mundo (competência enciclopédica ou pragmática demandada ao revisor);
(b) extrapolação do plano gramatical no momento da revisão;
(c) limite (ético) às intervenções no texto alheio;
(d) dialogismo entre autor e revisor;
(e) domínio dos gêneros textuais;
(f) desvalorização do profissional revisor de textos;
(g) existência e importância dos cursos de graduação e de pós-graduação voltados à área de revisão de textos;
(h) consideração de todos os tipos de correção.

Os assuntos investigados pelos revisores em formação passam por esse mesmo conjunto de temas, o que mostra, pelo menos, dois aspectos interconectados – em primeiro lugar, a escola ou academia: a formação não é "preparação para a vida", e sim a própria vida se dando, com as métricas e temas que dela emergem e que a ela remetem; em segundo, os temas recorrentes no universo externo são instituídos por uma cadeia de ações linguageiras socialmente demandadas que impõem seus reflexos à universidade.

CONSIDERAÇÕES FINAIS

A reflexão metacognitiva e "metametodológica" apresentada neste capítulo é de grande relevância porque, na condição de formadora inscrita num dos vértices da tríade universidade/autor/leitor, considero crucial ter clareza tanto do que demanda o "mercado" consumidor dos textos produzidos/revisados, quanto do que demandam os alunos em formação. Trabalhar na seara da formação de bacharelandos em Letras traz à tona a contiguidade entre a relação da docência – ensinar aspectos necessários da norma-padrão (conhecimentos linguísticos referentes a concordância, regência, colocação pronominal, pontuação etc., tanto do ponto de vista normativo quanto do funcional) – e da atuação profissional como revisora – visto que o ensino das especificidades do processo de revisão, da utilização de ferramentas digitais, da busca de *sites* confiáveis para darem suporte ao profissional, da demanda ética do uso de ferramentas de IA, entre outras, vai além do conhecimento teórico.

As circunstâncias e as contingências da formação e da atuação do revisor, contemporaneamente, constituem tema instigante e que tem se tornado mais visível nas últimas décadas. Não obstante, a formação desse profissional é ainda uma tarefa de difícil consecução. Embora tenha buscado apresentar aqui uma análise de espectro mais amplo, resta claro que não há, neste capítulo, exaustividade.

Há um interesse sobre essa profissão, muitas vezes calcado em premissas falsas, que mitificam o (árduo) trabalho do revisor e postergam a necessária profissionalização do ofício, com prejuízos aos que atuam na área. Por imaturidade e/ou inexperiência no trato do texto alheio, os aprendizes costumam pensar inicialmente que é fácil revisá-lo; aliás, seu meio de convivência concorre para tal, pois o tempo todo são demandados a "dar uma olhadinha" em textos – de amigos, de pessoas da família ou de colegas de trabalho. Isso tira do processo o caráter de profissionalidade, o que implica também uma desvalorização remuneratória do trabalho de revisão. Do mesmo modo, a ausência de uma tabela de precificação de ampla difusão leva a extremos que prejudicam as duas pontas do contínuo – autor e revisor.

É preciso mostrar o oposto de algumas representações equivocadas, partindo da mais básica – "quem domina gramática normativa é bom revisor"; esse saber, é sim, relevante, porém não suficiente: a revisão tem uma dimensão discursiva fundante, que se manifesta a partir da compreensão do que sejam os gêneros e suas circunstâncias de produção, determinando as estratégias de intervenção.

Até recentemente, políticas controversas que mascaram as exigências de saberes específicos de certas áreas consolidaram a crença de que, mesmo sem ser graduado em Letras, "fazer revisão de textos como 'bico' pode gerar um bom dinheiro". Essa representação indesejável tem gerado a proliferação de textos publicados sem a observância de um nível razoável de atenção às condições relevantes de textualização. Dessa forma, a baixa qualidade dos textos publicados, ao lado da baixa qualidade de formação do público leitor, pode ser um fator determinante para criar e manter uma massa de leitores sem um patamar crítico, de baixa exigência em relação àquilo que lê. É uma mediocrização ampla, auxiliada por aqueles que deveriam zelar pela forma do que se publica. Soluções para isso só se vislumbram num prazo mais longo, com o investimento na melhoria da qualidade da educação linguística oferecida nas escolas brasileiras.

A ATIVIDADE DE REVISÃO *FREELANCE*

Limites e desafios das intervenções em textos acadêmicos

Maíra Avelar

Mestra e doutora em Língua Portuguesa e Linguística pela PUC Minas, professora titular da Universidade Estadual do Sudoeste da Bahia (UESB), *campus* de Vitória da Conquista.

Neste capítulo, discutimos questões teóricas envolvidas no desafio posto ao revisor *freelancer* ao realizar intervenções em textos acadêmicos, sobretudo naqueles que apresentam graves problemas de textualização e de adequação ao gênero do discurso a que pertencem. Abordamos inicialmente o ofício do revisor *freelancer* em duas frentes:

(a) o profissional terceirizado que trabalha em editoras;

(b) o profissional autônomo, que trabalha informalmente prestando serviços de revisão a pessoas físicas ou a pequenas empresas.

Mostramos que, a partir do surgimento das novas tecnologias de edição de textos, há uma tendência de que as funções de preparação e revisão de provas se amalgamem e sejam realizadas por um único profissional, nomeado genericamente como "revisor". No caso da segunda categoria – dos prestadores de serviço autônomos –, decidimos concentrar nossa atenção nos profissionais que trabalham com o texto acadêmico. A partir de coletas realizadas em nosso banco de dados, composto de entrevistas, correspondências eletrônicas entre autores e revisores e atividades didáticas realizadas por revisores em formação, consideramos demandas, dificuldades e especificidades relativas à prestação de serviço levantadas por esses revisores – e secundariamente por autores que solicitam o serviço de revisão.

Discutimos, de maneira mais ampla, o papel das intervenções realizadas pelo revisor no texto original, que não se constitui como coautoria, mas como uma leitura atenta e especializada, cujas modificações devem ser ou não chanceladas pelo autor do texto revisado, a quem cabe a palavra final sobre as correções sugeridas, indicadas ou realizadas.

A fim de tratarmos com mais profundidade da questão das intervenções feitas no texto, nós as categorizamos em quatro tipos, conforme a proposta de Ribeiro (2024):

(a) resolutiva;
(b) indicativa;
(c) classificatória;
(d) interativa.

Propomos também a categorização das modalidades de revisão a serem realizadas, ampliando as categorias propostas por Coelho e Antunes (2010) para cinco, constitutivas de um *continuum* em que, na prática, elas se interpenetram:

(a) revisão gráfica;
(b) revisão de normalização;
(c) revisão gramatical;
(d) revisão de mecanismos de textualização;
(e) revisão de aspectos relativos ao gênero.

A partir da categorização, tanto do perfil de intervenção realizada pelo revisor quanto das modalidades de revisão a serem feitas em um texto, examinamos quatro revisões de um mesmo resumo acadêmico, elaboradas por *freelancers* no contexto didático de uma disciplina de prática de revisão de textos. Em nossas análises, constatamos que as modalidades de revisão escolhidas para realizar as intervenções no texto variam de um extremo ao outro do *continuum* e, em alguns casos, mais de uma modalidade é utilizada, no intuito de o revisor intervir não apenas em aspectos pontuais do texto, mas em questões que envolvem a textualização e a adequação ao gênero, além da construção da credibilidade acadêmica do autor. Procuramos fazer considerações sobre os desafios e os limites das intervenções do revisor, uma vez que suas mãos, embora nem sempre visíveis, também tecem a trama do texto, visto por nós como processo aberto e constitutivamente dialógico.

AS ATIVIDADES EXERCIDAS PELO REVISOR DE TEXTOS: DO CONTEXTO EDITORIAL FORMAL À REVISÃO *FREELANCE*

Pouco espaço é dado à discussão das atividades (realizadas e esperadas) do revisor *freelancer*. Até o momento, pesquisadores de grande relevância têm discutido a atuação do revisor no contexto editorial[1], apontando os desafios de distinguir as funções editoriais: preparador de originais, responsável por reescrever o original (ou partes dele) e retrabalhá-lo; e revisor de provas, responsável por cotejar se, na prova diagramada, estão todas as modificações realizadas no original pelo preparador/copidesque. Conforme Nascimento (2014), as anotações são feitas de acordo com as normas da ABNT. Porém, para além do trabalho de verificar sobretudo erros de ortografia e de digitação, cabe ao revisor uma "'tarefa árdua', que exige dos profissionais atenção a um duplo aspecto: o sentido do texto e sua correção ortográfica" (Saatkamp,1996 *apud* Ribeiro, 2024, p. 34). Segundo Ribeiro (2024, p. 43), "a importância do revisor e do preparador está na necessidade de conferir legibilidade (ou inteligibilidade) aos textos, fazendo uma leitura perspicaz e especializada em obras que não deveriam circular sem os necessários ajustes". Além disso, a autora[2] afirma que ao preparador cabe, além de conferir

[1] Cf. Ribeiro, 2024; Salgado, 2017; Muniz Júnior, 2018. Trata-se de obras que reúnem artigos desses autores, sendo que alguns tratam dessa questão específica.

[2] As afirmações da autora são feitas a partir da compilação das afirmações de pesquisadores como Pinto (2013) e Malta (2000), cujas referências completas podem ser consultadas na obra de Ribeiro (2024).

ao texto uma redação lógica, fluente e compreensível, dominar questões discursivas e de gênero. Segundo Nascimento (2014), muitas vezes, as funções de preparador e revisor de provas são exercidas pelo mesmo profissional, que costuma ser terceirizado e trabalhar em regime de *home office*. "Se as atividades do *preparador de originais* e do *revisor de provas* forem exercidas por um único profissional, esse profissional é comumente chamado apenas de revisor e também pode ser profissional terceirizado" (Nascimento, 2014, p. 95, destaques da autora).

Esse profissional terceirizado constitui uma primeira categoria de revisor *freelancer*. Porém, apesar de não ter vínculo trabalhista permanente com as editoras, normalmente seu trabalho é regido por um contrato, em que se prevê uma remuneração (geralmente por lauda revisada[3]), já estabelecida de antemão pelas editoras, para a prestação de serviços relacionados à dinâmica editorial. O revisor é parte da cadeia de produção editorial, tendo prazos fixos a cumprir, também preestabelecidos pelas editoras e, muitas vezes, atuando em duas fases distintas do processo editorial: na fase de preparação, anterior à diagramação, e na fase das revisões de provas gráficas, posterior à diagramação e anterior à impressão do livro, última etapa do processo. Em outras palavras, esse profissional precisa dominar tanto os saberes requeridos para a atuação como preparador, quanto os requeridos para a atuação como revisor, ressalvando que, muito embora essas etapas sejam diferentes no processo editorial, há algumas interseções entre as tarefas realizadas em

[3] A definição de quantos caracteres compõem uma lauda é bastante variável. Ao fazermos uma busca, a definição mais comum foi de 2.100 caracteres com espaço. As editoras costumam informar aos profissionais do texto, no próprio contrato de trabalho, o número de caracteres considerados como uma lauda.

ambas as fases. Além dessa interseção de tarefas, a exposição que fizemos até então permite visualizar a pervasividade do termo "revisor" na designação de tarefas realizadas por profissionais do texto, especialmente quando são desempenhadas pelo mesmo profissional. Sendo assim, verificamos a tendência editorial de fundir o "preparador de originais" ao "revisor de provas", observando que, quando ocorre essa fusão, o profissional é denominado "revisor" apenas. Desse modo, o que se espera hoje de um revisor terceirizado (ou *freelancer*, como preferimos nomeá-lo), que trabalha em casa para uma editora, é que domine tarefas distintas, antes delegadas a profissionais distintos. Isso se deve certamente às novas tecnologias da informação e da comunicação, como bem observa Ribeiro (2024), porém não podemos deixar de considerar a grande redução de custos às editoras ao contratar um único profissional para desempenhar tarefas distintas, sem gastos de infraestrutura nem encargos trabalhistas decorrentes de uma contratação formal permanente.

Entretanto, há ainda uma segunda categoria de revisor *freelancer*: aquele que trabalha de maneira informal, ou seja, como pessoa física, sem contrato de trabalho que regule as relações revisor-cliente. Pretendemos discorrer brevemente sobre as atividades desempenhadas por essa categoria de revisores. Em geral, conforme o levantamento feito com revisores presentes ao curso "A revisão de textos acadêmicos" ministrado no III Fórum do Revisor, bem como em disciplinas que ministramos em cursos de pós-graduação *lato sensu* em instituições privadas, o serviço prestado por esse profissional é captado ou solicitado por pessoas físicas, em geral autoras de textos acadêmicos (teses, dissertações, monografias e artigos científicos ainda não submetidos a periódicos), de livros independentes (a serem lançados pelo próprio autor) ou de *sites* de serviços autônomos, ou de pequenas empresas. Quando estimulados a falar sobre sua prática profissional, relatam dificuldades correntes como: a definição de "lauda", a precificação do serviço e até mesmo como explicitar o tipo de serviço que oferecem (ou "o que está embutido" na revisão de um texto). Destacaremos relatos, demandas e questões de revisores *freelancer* que trabalham majoritariamente com revisão de textos acadêmicos, por se tratar da maioria dos profissionais sobre os quais coletamos dados. Apresentaremos os dados concernentes a três revisoras entrevistadas[4], que tinham, à época do estudo (2013), cerca de cinco anos de experiência. Todas eram formadas em Letras, sendo que duas delas tinham a revisão como única fonte de trabalho e renda, enquanto a terceira trabalhava como revisora e como professora do ensino médio. Uma das revisoras entrevistadas aborda especificamente o desafio do revisor *freelancer* em relação aos prazos de entrega dos trabalhos revisados, considerando-se a importância da qualidade que se espera, por parte dos clientes, do serviço realizado:

> A principal dificuldade do revisor de textos está na relação "tempo" "qualidade". O revisor é sempre o último a pegar o texto, por isso, os prazos são extremamente apertados e não podemos errar. E, muitas vezes, é preciso virar a noite trabalhando (Entrevistada 2).

A Entrevistada 2 chama a atenção para um desafio relevante na realização do trabalho: os curtos prazos. Isso ocorre, entre outras razões, pelo fato de o público que contrata o serviço desco-

[4] As entrevistas estão armazenadas em nosso banco de dados e têm autorização das entrevistadas para serem utilizadas e divulgadas. Preferimos manter o anonimato, a fim preservar a identidade delas.

nhecer, em larga medida, o nível de detalhe e consequentemente o grande dispêndio de tempo e a qualificação profissional que a revisão de textos exige. Não é raro ouvirmos depoimentos de revisores constantemente solicitados a "darem uma olhadinha" num texto acadêmico (ou de outra esfera), como se a leitura especializada do profissional fosse rápida, fácil de ser feita e, portanto, desvalorizada por quem desconhece os processos envolvidos na cadeia que vai da escritura à publicação de um texto.

Segundo a Entrevistada 3, a maior dificuldade enfrentada pelo revisor *freelancer* é "a pequena valorização da atividade e a quantidade de pessoas que fazem esse trabalho de forma amadora e por um preço muito baixo, o que diminui muito o valor médio cobrado no mercado". A ausência de um sindicato, associação ou órgão regulamentador da atividade de revisão de textos, que possa sugerir valores a serem cobrados por lauda, bem como regulamentar quem está apto a realizar esse tipo de trabalho – ou pelo menos divulgar textos que explicitem a qualificação e o tempo necessários para a realização de um trabalho de qualidade – torna difícil, e por vezes impensável, a valorização do serviço realizado.

Especificamente em relação à revisão *freelance* de textos acadêmicos, todas as entrevistadas relataram a importância de a revisão acadêmica incluir a normalização do texto segundo as normas da ABNT, que, no nosso entendimento, concerne não apenas aos elementos composicionais de estruturação dos gêneros acadêmicos, como também ao estilo desses gêneros[5]:

[5] Partimos de uma visão bakhtiniana, em que são considerados três pilares de estruturação do gênero: estrutura composicional, conteúdo temático e estilo (Bakhtin, 2003).

> O revisor acadêmico, a meu ver, precisa colaborar não apenas com a adequação do texto às práticas acadêmicas, como também saber trabalhar na estrutura do documento. Veja-se, por exemplo, o que ocorre com a formatação e a normalização do texto: não se trata de aspectos secundários, mas de uma dimensão fundamental para a própria validação de um discurso que se quer científico. Penso que aí está a maior diferença do revisor acadêmico, em relação aos revisores de outros segmentos (Entrevistada 1).

Nesse sentido, todas as revisoras igualmente abordam a questão de o revisor atuar como um "leitor qualificado", mediando o processo de produção e recepção do texto: o profissional sugere intervenções, tendo em vista a intencionalidade do autor (Costa Val, 2004; Marcuschi, 2008) e o propósito comunicativo do texto, conforme abordado pela Entrevistada 2:

> O revisor exerce um papel de fundamental importância: a qualidade daquilo que é apresentado ao público depende desse profissional. Arrisco-me a dizer que a funcionalidade de determinado texto, a intenção, é avaliada por esse profissional (Entrevistada 2).

Além disso, as revisoras mencionam o revisor atuando para "melhorar a clareza e a adequação" do texto, ou seja, a coesão – ou inteligibilidade dos recursos linguísticos utilizados – e a coerência – ou unidade de sentido do texto, tal como a informatividade – ou o equilíbrio entre informações dadas e novas – e a situacionalidade – ou a adequação à situação comunicativa em que o texto ocorre (Costa Val, 2004; Marcuschi, 2008). Nas palavras da Entrevistada 1:

> Este talvez seja o principal papel de um revisor acadêmico: o de um leitor exigente e privilegiado, que propõe alterações que podem deixar o texto mais claro, adequado e

> coerente, tendo em vista os seus propósitos comunicativos. Isso, por sua vez, não se limita, de modo algum, à correção ortográfica e gramatical (Entrevistada 1).

Dessa maneira, o revisor de textos – assim como os demais profissionais do texto que são parte da cadeia editorial – atuaria, nas palavras de Salgado (2017), como um "coescriba", fornecendo "amparo à escritura do autor que, através da leitura desse outro, navega águas que seu próprio texto oferece" (p. 22). A leitura atenta e profissional do revisor não constitui uma atividade de coautoria: figura principalmente como um trabalho de reescrita (Matencio, 2002), cuja palavra final, entretanto, é sempre a do autor do original, a quem cabe aceitar ou não as intervenções realizadas. Nas palavras da Entrevistada 1, "a revisão de textos é uma atividade quase anônima, que tem como função contribuir para a construção de uma imagem positiva do autor do texto e daquilo que ele quer dizer". Em suma:

> Importa notar que a alteridade que o editor de textos explicita, ao formular uma leitura que se vai registrando em anotações pontuais no corpo de um "original", não impõe ao autor um texto que não é seu, não o destitui de sua função nem de seus traços idiossincráticos, mas lhe oferece um percurso em seu próprio texto, deslocando sua primeira formulação. Com isso, joga luz sobre a condição dinâmica do texto, sobre a teia discursiva em que ele se amarra, sobre seu caráter de textualização, isto é, de trabalho em processo (Salgado, 2017, p. 16).

Cabe ressaltar que o trabalho atribuído por Salgado (2017) ao editor aplica-se também ao revisor *freelancer*, tal como abordado ao longo das observações que tecemos sobre as atividades exercidas por esse profissional. A autora sumariza aspectos relevantes, tais como a condição dinâmica de um texto o caráter processual da textualização, igualmente em consonância com o que abordamos ao longo de nossas discussões até o momento. Além disso, a pesquisadora metaforiza o processo de revisão como uma "teia discursiva", produzindo uma reflexão sobre o papel do revisor para além de mero "corretor de erros", bem como sobre os limites de sua atuação, uma vez que a "palavra final" é sempre a do autor do original, a quem cabe ou não aceitar o(s) percurso(s) de leitura sugeridos.

OS TIPOS DE INTERVENÇÃO DO REVISOR E AS MODALIDADES DE INTERVENÇÃO TEXTUAL

Quanto aos tipos de intervenção que o revisor pode realizar no texto, com base em Serafini (1989) e Ruiz (2011)[6], Ribeiro (2024) propõe a seguinte categorização:

1. Intervenção resolutiva, em que o revisor resolve os problemas detectados no texto;
2. Intervenção indicativa, em que o revisor marca os problemas detectados no texto;
3. Intervenção classificatória, em que o revisor utiliza metalinguagem para indicar os problemas detectados no texto;
4. Intervenção interativa, em que o revisor sugere mudanças e discute aspectos do texto com o autor.

Depreendemos, da categorização apresentada, que a intervenção *resolutiva* pressupõe menor margem de interação com o autor, mesmo cabendo a ele aceitar ou não as resoluções propostas, enquanto a intervenção *interativa* pressupõe maior margem de interação e diálogo – ainda que apenas por meio do texto – entre revisor e autor. Por outro lado, as interven-

[6] As referências completas às obras de Serafini e Ruiz podem ser consultadas em Ribeiro (2024).

ções *indicativa* e *classificatória* parecem-nos mais adequadas ao contexto de sala de aula, em que o professor indica problemas no texto do aluno, muitas vezes utilizando metalinguagem (como: falta sujeito na frase), de modo que o aprendiz faça um esforço para compreender e resolver os problemas de escrita. Na prática de revisão, muitas vezes, a indicação de um problema, sobretudo quando realizada com a utilização de metalinguagem, faz com que o autor não consiga de fato modificar o texto, com vistas a solucionar o problema indicado – na maioria das vezes, o autor não sabe o que é ou não consegue identificar "o sujeito da frase", por exemplo. Conforme alerta Ribeiro (2024, p. 91), "utilizar metalinguagem ao propor alterações textuais certamente implicará certa antipatia nas negociações, tanto com alunos quanto com clientes".

Voltando ao contexto de atividade do revisor *freelancer*, optar por resolver problemas de maneira mais direta ou estabelecer uma interação com o autor depende, em larga medida, do tempo disponível para realizar o serviço e, consequentemente, da possibilidade ou não de o texto retornar às mãos do revisor, a fim de que ele possa verificar quais foram as sugestões acatadas pelo autor ou, entre as possibilidades de mudança no texto, quais foram as escolhidas. Caso isso não seja possível, o revisor precisa necessariamente trabalhar de maneia predominantemente resolutiva. Na revisão *freelance*, o tipo de intervenção realizada igualmente varia de acordo com a demanda do cliente: há aqueles que desejam visualizar todas as mudanças realizadas no texto e dialogar sobre as possibilidades de mudança, enquanto outros preferem que os problemas sejam resolvidos pelo revisor com autonomia – para que precisem dispender o mínimo de tempo possível decidindo as modificações a serem realizadas no texto.

Além do tipo de intervenção a cargo do revisor, é necessário discutir em quais níveis essas intervenções podem ser operadas. Segundo Coelho e Antunes (2010), há três tipos, que optamos por nomear como "modalidades", uma vez que correspondem a aspectos diferentes a serem revisados em um texto, inclusive simultaneamente:

1. revisão gráfica: questões relacionadas à apresentação e à composição visual e material do texto;
2. revisão normalizadora: questões relacionadas à adequação às normas bibliográficas e editoriais;
3. revisão temática: questões relativas à propriedade e à consistência das formulações de um texto, em função de determinado sistema de conhecimento.

Ao abordarem essas diferentes modalidades de revisão textual, Coelho e Antunes (2010) propõem "ampliar o escopo de análise" para questões relativas a mecanismos de textualização[7] (Costa Val, 2004), que as autoras preferem tratar como "textualidade", ao gênero do discurso ao qual o texto se vincula e, consequentemente, às esferas de circulação e ao suporte. Dessa maneira, os aspectos concernentes ao gênero e à(s) esfera(s) de circulação incidem diretamente sobre os modos de dizer e os mecanismos de textualização próprios de um gênero específico. Por sua vez, a adequação dos modos de dizer incide, direta e principalmente, sobre a aceitabilidade ou interpretabilidade do texto por parte do interlocutor/leitor, pois, segundo Marcuschi (2008), ela está mais diretamente relacionada ao leitor.

[7] Costa Val (2004) elenca os seguintes mecanismos de textualização: coesão, coerência, informatividade, interpretabilidade, aceitabilidade e intertextualidade. Antes tratados pela autora como "princípios gerais de textualidade, passam a ser tratados como "mecanismos de textualização", destacando-se, assim, o caráter processual e interativo da emergência dessas categorias.

Sendo assim, o revisor precisa estar atento não apenas a aspectos gramaticais ou gráficos – como minimamente se espera na revisão pós-diagramação, quando ela é vista de maneira mais superficial, segundo avalia Ribeiro (2024) –, mas também a aspectos relativos à "adequação global do texto à sua divulgação (publicação/recepção)" (Coelho; Antunes, 2010, p. 207). No caso do revisor *freelancer* de textos acadêmicos, que exerce simultaneamente as funções de preparador e revisor de provas, é necessário que ele atue nos três níveis aqui apontados.

Em outras palavras, ele deve verificar: se o texto está adequado ao gênero acadêmico em questão e se os modos de dizer escolhidos pelo autor correspondem aos modos de dizer delimitados pela esfera de atividades acadêmica (revisão temática); se o texto está de acordo com as normas da ABNT ou com as normas do periódico ou outro veículo em que será publicado (revisão normalizadora); e se o texto está adequado do ponto de vista gráfico – por exemplo, sem linhas órfãs ou viúvas, sem citações e quadros ou tabelas quebrados em páginas distintas, com títulos e subtítulos correspondentes aos presentes no sumário, com a correspondência correta entre a paginação apresentada no sumário e a apresentada no corpo do texto – (revisão gráfica).

Entretanto, os aspectos a serem revisados nos textos, sobretudo nos de natureza acadêmica, ainda podem ser mais bem refinados. Por isso, propomos uma ampliação da categorização proposta por Coelho e Antunes (2010), contemplando, de maneira mais sistemática, as questões relativas a gênero e a outros aspectos relevantes no processo de revisão, que podem ser mais bem explicitados. A categorização proposta mantém as revisões gráfica e de normalização, inclui a revisão gramatical e desdobra a revisão temática, que nos parece muito ampla e detentora de certa opacidade, em "revisão de mecanismos de textualização" e "revisão de aspectos relativos ao gênero". Sendo assim, contemplam-se cinco modalidades, divididas para fins didáticos e de replicabilidade de análises que possam se utilizar da categorização proposta, mas que certamente se interpenetram e se correlacionam no trabalho cotidiano de revisão. Decidimos organizar as modalidades, partindo da mais formal à mais discursiva, de modo que possam ser interpretadas inclusive em termos de um *continuum*, que abarca desde elementos mais formais da composição textual a elementos mais temáticos, estilísticos e (socio)comunicativos de um texto:

1. revisão gráfica: contempla a revisão de aspectos gráficos e de composição visual do texto;
2. revisão de normalização: contempla a revisão de normas técnicas e editoriais, incluindo a formatação do texto;
3. revisão gramatical: contempla a revisão de aspectos pontuais, relativos à norma culta (ortografia, concordância, regência etc.) ou à norma à qual o texto deve se adequar (escolhas lexicais, escolhas de registro etc.);
4. revisão de mecanismos de textualização: contempla a revisão de aspectos tanto locais quanto globais, relativos à coesão (que engloba aspectos de construção sintática de sentenças e articulação textual) e à coerência do texto (que engloba aspectos de sentido e de adequação pragmático-situacional);
5. revisão de aspectos relativos ao gênero: contempla a revisão de aspectos relativos à estrutura composicional, conteúdo temático e estilo/modos de

> dizer, bem como à produção, circulação/suporte e recepção do texto.

É necessário salientar que a gramática, tal como apresentada no *continuum* proposto, é tomada em sentido estrito, pois, de maneira ampla, a gramática do texto ou mesmo aplicada ao texto não prescinde de aspectos relacionados aos mecanismos de textualização e relativos aos modos de dizer instanciados por determinado gênero e por uma esfera de atividades. Optamos pela designação "norma culta", relacionada ao uso corrente da fala e da escrita em situações formais, enquanto a norma-padrão está relacionada a um ideal de língua, em geral cristalizado em manuais de gramática normativa, mas fora de uso ou de circulação (Faraco, 2008). Salientamos também que nem sempre a norma culta pode ser a mais adequada à revisão de um texto: textos literários contemporâneos ou mesmo teses e dissertações da área de literatura, por exemplo, nem sempre devem ser cegamente padronizados pela norma culta. Podemos verificar essa questão numa troca de correspondência eletrônica entre a autora de uma dissertação de mestrado em Literaturas Africanas e a revisora da dissertação[8]:

> Solicitações da Orientadora para os capítulos seguintes!
>
> Como são romances africanos, eles trazem uma forte marca da oralidade — "oralitura", portanto, pedimos muito cuidado: TUDO O QUE ESTIVER EM ITÁLICO TRANSCRIÇÕES, NEGRITO, NOMES PRÓPRIOS COMO BURKINA FASO, KiBebecha, DonaDivina, kotaDasAbelhas, AdolfoDido ou Adolfo Dido, etc.... É PARA FICAR ASSIM MESMO. [...] A Orientadora está traumatizada RSRSRSRS porque uma aluna do doutorado

[8] A correspondência está armazenada em nosso banco de dados e tem autorização da autora do *e-mail* e da revisora para ser utilizada e divulgada. Substituímos o nome da orientadora da dissertação por "Orientadora" a fim de manter o anonimato.

> de linguística foi revisar uma "tese" e "corrigiu tudo o que não era para corrigir", o que, em hipótese nenhuma NÃO se pode fazer, porque desfigurou todo o trabalho e ela teve que varar a noite para rever. Coitada da Orientadora!"
>
> [Espaçamentos, pontuação e caixas-altas da autora do *e-mail*.]

As solicitações direcionadas à revisora do texto refletem uma preocupação excessiva – e, por vezes, exclusiva – dos revisores acadêmicos com os aspectos gramaticais da norma culta – ou mesmo da norma-padrão –, que sequer circula nos textos formais e pode resultar numa insensibilidade desses profissionais a aspectos relativos à área de conhecimento a que pertence o texto e mesmo a aspectos estilísticos: não se "adéqua" citação à norma culta, por exemplo. No caso do texto a ser revisado, é fundamental ter sensibilidade para a variação de registro e de modalidade, bem como para o jogo entre a voz da autora da dissertação e as vozes dos narradores e personagens dos romances de que trata em seu texto.

REVISÕES DE UM RESUMO ACADÊMICO: POSSIBILIDADES E LIMITES DE INTERVENÇÃO

A fim de discutirmos questões relativas aos perfis de revisor e aos diferentes aspectos a serem contemplados na revisão textual, selecionamos quatro amostras de análise, concernentes a uma atividade realizada na disciplina Prática de Revisão de Textos, ministrada numa instituição de ensino superior privada. As quatro amostras selecionadas foram revisadas por profissionais que atuam como revisores *freelance* de teses, dissertações e monografias e, a fim de aprimorar essa atuação, decidiram cursar uma pós-graduação *lato sensu* voltada para a revisão de textos. Em relação à profissionalização do revisor de textos – e, a nosso ver, especialmente do que atua como *freelancer*, bem como da institucionalização da profissão de revisor –, concordamos com Barros e Rodrigues (2017, p. 2) quando afirmam que:

> Nos últimos quinze anos, temos assistido a um crescimento no interesse pela institucionalização da profissão de revisor(a) de textos, o que realoca o olhar sobre quem é o indivíduo que se debruça sobre o texto alheio, dotado de um saber de múltiplas dimensões — textuais, de forma mais ampla; linguísticas, sob a ótica do conhecimento do sistema, da norma; enciclopédicas ou pragmáticas, do ponto de vista de um sujeito que vive e atua num cenário sociopolítico, histórico, discursivo etc. e que o afeta e é por ele afetado).

As autoras também apontam: "Há muito o que discutir sobre o que se entende por intervenção textual, bem como sobre os limites (inclusive éticos) desse fazer, que envolve um processo original de escritura e um secundário, de revisão [...]" (Barros; Rodrigues, 2017, p. 2). São esses os desafios e limites de intervenção no texto do outro que pretendemos discutir ao examinar os diferentes olhares lançados sobre um mesmo texto a ser revisado. Vejamos, então, a atividade proposta:

> Leia o texto abaixo. Trata-se de um resumo extraído de um artigo acadêmico-científico recusado para publicação num periódico acadêmico:
>
> **Resumo**
>
> A presente entrevista discute o suporte de texto propondo novas abordagens na relação do leitor/ouvinte com o suporte e seu texto. Além de uma tentativa de classificar os diversos suportes visíveis no dia a dia, também procura-se descrever o suporte, dissecando-o em suas várias partes tendo em vista as confusões que acontecem quando o suporte quase se identifica com seu texto e seu transporte, como é o caso do *e-mail*. Numa abordagem mais superficial, se inicia alguma teoria sobre suporte oral e

novos gêneros que devem surgir com os hipertextos e seus suportes. É um estudo que apenas começa e deve ter continuidade.

Palavras-chave – Suporte – Texto – Computador – Hipertexto.

Como a realização da atividade seguiu o manual de normalização de uma instituição de ensino, convém esclarecer quais são as diretrizes desse documento em relação à normalização de resumos de artigos acadêmico-científicos. Vale salientar que o manual foi elaborado com base na ABNT (NBR 6022, versão de 2003):

Resumo

Apresentação sucinta dos pontos relevantes do artigo **em um parágrafo único e espaço entre linhas simples**. O resumo deve conter o objeto de estudo, objetivo, metodologia e resultados/conclusão. Deve-se usar o verbo na voz ativa e na terceira pessoa do singular e não deve conter nomes de autores e obras. Logo abaixo do resumo, devem-se pontuar as palavras-chave (de três a cinco que representam o conteúdo do estudo). São separadas entre si com ponto final e finalizadas também com ponto final. Quanto à sua extensão, **o resumo deve ter: de 100 (cem) a 250 (duzentos e cinquenta) palavras (contando com espaços)**. [espaçamento de título e negritos do manual][9].

A seguir, apresentamos a primeira revisão a ser comentada:

Resumo

A presente entrevista discute o suporte de texto propondo novas abordagens na relação do leitor/ouvinte com o suporte e seu texto. Além de uma tentativa de classificar os diversos suportes visíveis no ~~dia-a-dia~~, (dia a dia) também procura-se descre~~ver o suporte~~, (descrevê-lo) dissecando-o em suas várias partes, tendo em vista as confusões que acontecem quando o suporte quase se identifica com seu texto e seu transporte, como é o caso do *e-mail*. Numa abordagem mais superficial, se inicia alguma teoria

[9] Não citaremos a fonte da citação, a fim de preservar o anonimato da instituição.

sobre suporte oral e novos gêneros que devem surgir com os hipertextos e seus suportes. É um estudo que apenas começa e deve ter continuidade.

Palavras-chaves - Suporte - Texto - Computador - Hipertexto.

Em relação ao tipo de intervenção realizada, podemos classificá-la como resolutiva, uma vez que o revisor utiliza a ferramenta "Controlar alterações", não fazendo qualquer comentário por meio da ferramenta "Inserir comentário". Ele limitou-se a atuar apenas no nível gráfico, justificando o alinhamento do texto, e no nível ortográfico e de adequação lexical, substituindo uma palavra repetida por um pronome e corrigindo outras duas. Do ponto de vista dos aspectos revisados, o trabalho realizado estaria no extremo formal do *continuum*, pois o revisor, nesse caso, preocupa-se apenas com um aspecto de formatação – ignorando outros previstos pelo manual, inclusive – e da correção formal de palavras, ignorando problemas de adequação ao gênero e questões mais amplas de textualização, que incidem diretamente sobre a coesão e a coerência do texto. A persistência de problemas como os apontados comprometem não apenas a legibilidade e a clareza do texto, como também a credibilidade acadêmica do autor do resumo.

Em seguida, apresentamos as intervenções feitas pelo segundo revisor:

Resumo: A presente entrevista discute o suporte de texto, propondo novas abordagens na relação estabelecida com o leitor/ouvinte. Além de propor uma classificação dos diversos suportes observados no dia a dia, também procura descrevê-los, dissecando-os em suas várias partes, tendo em vista as confusões entre o suporte e o próprio texto, como acontece no caso do *e-mail*. Numa abordagem inicial, esboça-se uma teoria sobre os suportes, inclusive o oral e os dos novos gêneros que devem surgir com os hipertextos, constituindo um estudo que deve ter continuidade.

Palavras-chave: Suporte. Texto. Computador. Hipertexto.

✖ O texto não está adequado ao gênero, uma vez que não explicita de forma objetiva o conteúdo do trabalho, nem a descrição do método, nem os resultados alcançados. Além disso, o desconhecimento do teor da entrevista limitada nossas possibilidades de intervenção no texto ou de reescrita.

No outro extremo do *continuum*, a revisão atenta para a questão da formatação – sem informar ao autor as modificações realizadas –, porém o revisor limita-se a indicar a inadequação do texto ao gênero "resumo", listando o que se espera de um, em termos de estrutura composicional e sobretudo de conteúdo temático. Nesse caso, o profissional não realiza qualquer tipo de proposição para adequar melhor o texto ao gênero, nem mesmo constrói um diálogo com o autor: apesar de usar a ferramenta "inserir comentário", o comentário inserido, embora pertinente, apenas indica ao autor que ele não produziu o gênero anunciado – tal como faria um orientador ou um professor –, sem sugerir mudanças no texto com vistas a resolver problemas ou interagir com o autor a respeito de questões de gramática ou de textualidade apresentadas no texto. A indicação mais geral realizada pelo revisor pouco ou nada contribui para a melhor adequação do texto ao público-leitor, pois mais aponta problemas de ordem genérica do que oferece ou negocia soluções, de maneira específica.

Passemos, então, às intervenções realizadas pelo terceiro revisor:

Resumo

A presente entrevista discute a relação entre leitor/ouvinte com o suporte de texto, propõe novas abordagens dessa relação, além de classificar alguns dos diversos suportes visíveis no dia a dia. Também procura descrever o suporte, dissecando-o em suas várias partes, tendo em vista as confusões que acontecem quando este quase se identifica com seu texto e seu transporte, como é o caso do *e-mail*. Num segundo momento, aborda a teoria sobre suporte oral e novos gêneros que surgem com os hipertextos. Trata-se de um estudo inicial, que terá continuidade a partir dos resultados obtidos.

Palavras-chave: Suporte. Texto. Computador. Hipertexto.

AD Que suporte?
De que texto? Não cumpre os objetivos de um resumo, pois além de faltarem informações principais quanto ao tema, faltam a metodologia e a conclusão. **Não é possível notar, no geral, a prioridade das informações a partir do primeiro ponto final.**

AD Abordagens de quê? De que tipo? Abordar como?

AD Visíveis onde? Existem vários suportes em esferas comunicativas diferentes.

AD Essas confusões se devem a quê?

AD Como assim: "se identifica com seu texto e seu transporte"????

Na revisão, é possível verificar um tipo de intervenção, tanto indicativa quanto interativa: o revisor opta por indicar alterações e interagir com o autor por meio da ferramenta "inserir comentários", fazendo sobretudo perguntas que ora funcionam como indicações de elementos que devem ser adicionados ao texto, pressupondo sugestões de melhoria da coesão e da informatividade; ora funcionam como juízos de valor emitidos pelo revisor. Além disso, no primeiro balão de comentário, ele faz observações relacionadas à inadequação do texto ao gênero e destaca, em negrito, problemas que lhe parecem ser mais dignos de nota. Porém, as perguntas realizadas anteriormente ("que suporte?" e "de que texto?") não nos parecem pertinentes, pois revelam um desconhecimento do revisor em relação ao termo "suporte de texto", utilizado na linguística textual.

Chamamos a atenção, em especial, para o último comentário realizado: a pergunta, nesse caso, apresenta o efeito perlocucional de indignação ou de perplexidade do revisor diante das escolhas lexicais do autor, atitude que, no nosso entendimento, além de ser pouco profissional – e até um pouco cômica do ponto de vista de quem analisa a interação –, não indica ou propõe o que pode ser feito pelo autor para sanar o problema de inadequação lexical apontado. O uso do negrito, no primeiro comentário, também nos parece impolido, ao soar como um grito, bem como o tom das perguntas feitas nos demais comentários, que parecem mais questionar e desqualificar o texto do que efetivamente dialogar com o autor. O diálogo instanciado nos comentários parece-nos impaciente, apontando, com pouco tato, os problemas encontrados no texto. Desse modo, apesar de realizar intervenções que contemplam aspectos de formatação gráfica/normalização (apenas realizadas, mas não indicadas), aspectos de textualização e aspectos de adequação ao gênero, as perguntas e comentários indicam, de maneira vaga e pouco resolutiva, problemas relativos a esses aspectos.

Analisaremos, a seguir, as intervenções realizadas pelo quarto revisor:

> **Resumo**
>
> O presente artigo discute o suporte de texto, propondo novas abordagens na relação do leitor/ouvinte com o suporte e seu texto. Além de uma tentativa de classificar os diversos suportes

visíveis no dia a dia, procura-se também descrevê-los em suas várias partes, tendo em vista as confusões que acontecem quando o suporte quase se identifica com seu texto e seu transporte, como é o caso do *e-mail*. Numa abordagem mais superficial, inicia-se alguma teoria sobre suporte oral e novos gêneros que devem surgir com os hipertextos e seus suportes. É um estudo que apenas começa e deve ter continuidade.

Palavras-chave: Suporte. Texto. Computador. Hipertexto.

D O resumo deve apresentar os objetivos, a metodologia e as conclusões do estudo.

D Referindo-se ao trabalho.

D O trabalho abordará diversos suportes ou algum específico? Nessa parte, é necessário especificar (dar mais informações) sobre o tipo de suporte. Há bastante repetição da palavra "suporte", não ficou claro no texto a que isso se refere, o que dificulta encontrar um sinônimo.

D É preciso deixar mais claro a que se refere o "transporte".

D Sugiro não indicar que o texto fará uma "abordagem mais superficial". Por tratar-se de um trabalho acadêmico, para credibilidade do texto, sugiro não usar palavras informais, (essa mesma observação vale para as frases/palavras marcadas de vermelho)

D Especificar qual teoria.

Além de atentar para os aspectos de normalização do texto, o revisor inicia suas intervenções, predominantemente interativas, apontando ao autor, em tom mais injuntivo (com o uso do modal "deve"), porém polido (com o uso da terceira pessoa), os aspectos problemáticos na estruturação do gênero "resumo acadêmico". No terceiro comentário, dialoga com o autor, mostrando a preocupação de esclarecer a metalinguagem utilizada nas intervenções – quando, por exemplo, explica o termo "especificar": "É necessário especificar (dar mais informações)". Conforme esclarece ao autor, o profissional destaca as excessivas repetições da palavra "suporte", não apenas apontando, mas buscando entender a falta de clareza ("não ficou claro a que isso se refere") e alertando para a dificuldade de encontrar um sinônimo. Além da repetição de palavras, outro aspecto relativo à textualização apontado pelo revisor diz respeito à falta de clareza do termo "transporte" e à vagueza de sentido do termo "alguma teoria". Em ambos os casos, o revisor opta, novamente, por dialogar com o autor, indicando a necessidade de deixar esses termos mais claros ("É preciso deixar mais claro" e "especificar"), sem desqualificar o texto produzido.

Ele fecha os comentários realizados (penúltimo comentário) apontando um aspecto que diz respeito ao contexto de leitura e circulação do texto – também considerado por nós como "aspectos de gênero" –, diretamente relacionado à construção da credibilidade acadêmico-científica do resumo e, consequentemente, de seu autor. É relevante observar, nesse penúltimo comentário, a utilização da primeira pessoa e do verbo "sugiro", indicando a supressão do trecho marcado em vermelho. Ainda atento à questão da credibilidade acadêmica, o revisor sugere, em primeira pessoa, "não utilizar palavras informais", conforme ele próprio esclarece ao fim do comentário. Assim, indica o que não deve ser feito, mas não sugere, de maneira mais resolutiva, o que deve ser feito no lugar: a indicação de palavras mais formais, por exemplo, poderia ser uma estratégia utilizada.

DISCUSSÃO GERAL E CONSIDERAÇÕES FINAIS: OS DIVERSOS PAPÉIS E DEMANDAS DO REVISOR

Ao analisarmos as quatro intervenções realizadas no mesmo resumo, é possível observar que, entre um extremo, representado pela revisão resolutiva de aspectos pontuais relativos à ortografia e à normalização (revisor 1), e outro, representado pela indicação pedagógica de como se deve construir o gênero "resumo acadêmico" (revisor 2), temos, por um lado, uma revisão *indicativa* e *interativa*, que não funciona bem, nem em um aspecto, nem em outro. As indicações realizadas parecem-nos vagas e, sobretudo, a interação desenvolvida parece revelar, por parte do revisor, uma desqualificação do autor e do texto revisado (revisor 3). Por outro lado, temos uma revisão interativa, em que o revisor de fato dialoga com o autor, fornecendo indicações, com justificativas, de palavras e trechos que devem ser suprimidos ou substituídos, tanto no sentido de deixar o texto mais claro, quanto no sentido de tornar o gênero mais adequado ao seu contexto de circulação, e ainda de construir uma imagem positiva do autor do texto.

Reconhecemos que a atividade proposta é bastante desafiadora, pois o resumo acadêmico a ser revisado apresenta problemas em todas as cinco modalidades de revisão elencadas por nós: gráfica, de normalização, gramatical, de mecanismos de textualização e de aspectos relativos ao gênero. Sendo assim, diante de um texto com tantos problemas, qual é o tipo de intervenção mais adequado? Como bem pondera Ribeiro (2024, p. 91),

> ora é preciso resolver problemas com certa atitude desprendida; ora é interessante conversar e negociar propostas de alteração com certa orientação pedagógica, no sentido de que revisor e autor aprendem sempre sobre aspectos da textualidade nessa interação.

Isso é válido especialmente para o caso de revisores em formação, como os quatro cujas intervenções analisamos. Apesar de já atuarem no mercado como *freelancers* e terem experiência cotidiana com o ofício, foram em busca de maior profissionalização.

Em consonância com Barros e Rodrigues (2024), a partir das intervenções analisadas, é possível afirmar que o revisor *freelancer*, tanto o de editoras quanto o autônomo, precisa dominar não apenas habilidades linguísticas, mas também tecnológicas, relativas às novas tecnologias de edição de textos, e ainda habilidades interpessoais, como o trabalho em equipe e, no caso do revisor autônomo, o trato com o autor do texto revisado, ao dialogar, sugerir e realizar modificações no texto submetido à revisão. Em relação especificamente aos desafios e limites da intervenção textual, as tarefas desse profissional do texto podem variar em relação à profundidade da alteração que é solicitado a fazer nos textos indicados para publicação ou produção.

> O original não existe apenas pelas mãos do autor, pois deve ser cuidado pelo preparador [para nós, revisor], nome genérico dado àquele que se especializa no tratamento da linguagem e da organização estrutural de uma futura obra (Ribeiro, 2024, p. 42, inserções entre colchetes nossas).

Rodrigues (2015 *apud* Barros; Rodrigues, 2017, p. 3) afirma: "É preciso assumir a revisão textual como uma *prática discursiva*, cujas intervenções ou ausências geram efeitos de sentido" [destaques das autoras]. Dessa forma, a integração das diferentes modalidades de revisão, bem como a combinação de diferentes tipos de intervenção a serem realizadas fazem com que "o revisor, mais do que conceber a língua escrita do ponto de vista da norma, vincula a dimensão propriamente linguística à dimensão textual-pragmática-discursiva" (Barros; Rodrigues, 2017, p. 3). Portanto, os desafios e limites da intervenção do revisor perpassam questões que vão da língua ao discurso; habilidades que vão do manejo tecnológico ao manejo interpessoal; e estratégias de intervenção que vão da resolução direta ao diálogo, de maneira que o autor, a quem cabe a palavra final sobre as intervenções sugeridas e realizadas pelo revisor, possa, a partir da interlocução com o profissional, um "leitor qualificado e especializado", distanciar-se e reapropriar-se do próprio texto e do seu próprio dizer.

Assim, "as mãos invisíveis do revisor", que constituem o texto, traçam possibilidades de novos percursos de escrita e, em última instância, de leitura do texto, de modo a, por meio dos seus diálogos com o autor, encurtar distâncias com o leitor de maneira mais efetiva, na tentativa – ou na vã esperança – de diminuir as distâncias entre a intencionalidade do autor e a aceitabilidade do leitor, ou mesmo entre a interpretação do leitor presumido e o leitor real, que de fato receberá o texto e trilhará seu próprio percurso de interpretação, seguindo as pistas deixadas pelo autor. O coescriba revisor, então, tem como desafio último promover possibilidades mais fluidas e, ao mesmo tempo, mais direcionadas entre autor e leitor, nesse processo aberto, e não produto fechado, que constitui e é constitutivo do texto.

POSFÁCIO

Sírio Possenti

Mestre (1977) e doutor (1986) em Linguística pela Universidade Estadual de Campinas (1986), professor titular no Departamento de Linguística da Universidade Estadual de Campinas. Atua em diversas áreas da Linguística, com ênfase em Teoria e Análise Linguística, principalmente na subárea da Análise do Discurso, em especial nos campos do humor e da mídia.

Catar feijão se limita com escrever
Jogam-se os grãos na água do alguidar
E as palavras na da folha de papel
E depois joga-se fora o que boiar
(João Cabral de Melo Neto[1]).

Não pretendo oferecer nenhuma contribuição específica sobre revisão, que é o assunto do livro. Nem comentar o volume – ou orientar leituras, atitude de que não gosto.

Vou fazer apenas algumas anotações, um pouco esparsas, mais ou menos relacionadas ao tema. Algumas dizem respeito a experiências pessoais, outras podem soar como avaliações do processo, e até mesmo como sugestões.

Começo por experiências pessoais, que são diversas.

Na hipótese de se considerar que "revisar" é uma atividade que pode ser concebida um pouco elasticamente, posso dizer que minhas lembranças mais vivas sobre o tema dizem respeito às revisões de duas dissertações, feitas há bastante tempo.

Delas sobram duas considerações, talvez óbvias. Uma é a mais evidente e a mais simplória: os autores pensavam que o que falhava em seus textos eram coisas como crase, pontuação e algumas gralhas sintáticas. Surpreenderam-se quando lhes ofereci uma amostra do que eu faria. De fato, reescrevia alguns parágrafos.

Num dos casos, perguntei se aceitava minha abordagem ou se queria que eu corrigisse apenas os detalhes. No outro, impus

[1] Há controvérsias sobre a forma "jogam-se". Reza uma história que, na versão original, Cabral, escreveu "joga-se", que corrigiu depois numa edição de suas obras, "erro" que não percebera antes... A versão com "joga-se" ainda se encontra no Google. Nela, aliás, consta "na folha de papel", não "na da folha de papel. Disponível em: https://bit.ly/4g6NACh. Acesso em: 2 jun. 2025.

uma condição para fazer a revisão: que o autor permanecesse no mesmo espaço (na minha casa, na verdade – era o *e-mail* de então...), para que eu pudesse perguntar o que determinada passagem significava, pois a correção dependia da resposta. Eu intuía o que depois ficou óbvio: a redação deveria submeter-se ao sentido "desejado" (o que primeiro causou espanto, depois uma espécie de iluminação).

Hoje, está claro para mim que se tratava de considerar o "discurso" – e não o texto! Era uma dissertação na área da genética. Fui verificando que até para colocar vírgulas é necessário entender do que se trata. Considere-se a questão de decidir entre uma explicativa e uma restritiva, quando a vírgula tem um papel relevante: para decidir entre as duas, o revisor tem de entender determinado aspecto da disciplina em questão. Na escola, aprende-se a classificar as relativas fornecidas para um teste (leitura), mas nunca se praticam decisões de colocar ou não uma vírgula (escrita).

***

Posso dizer que uma longa experiência nesse "espaço" da reescrita, seja porque li centenas (milhares?) de trabalhos de alunos, que sempre anotei, seja porque li e reli muitos artigos e dissertações e teses (refiro-me especialmente às que orientei). Não saberia dizer quando revisei e quando "editei": sugeri cortes e inserções, por exemplo, além de alternativas à redação propriamente dita. Não me cabe julgar, evidentemente, muito menos hierarquizar as ações praticadas ou sugeridas.

Diria que editei textos quando dirigi uma revista: nesse período, todos (todos!) os artigos publicados foram, aqui e ali, retocados pessoalmente por mim (cortei muitas ocorrências de "evidenciar" que não eram evidências e de "corroborar" que não eram corroborações...), além de uns casos de "isto se trata / tratam-se de", cada vez mais comuns.

***

Autores agradecem a amigos e colegas por sugestões oferecidas durante ou depois da escrita de um livro. Vou mencionar dois casos: Pinker[2] diz que é grato a muitas pessoas que melhoraram seu livro. Uma amiga que lhe deu conselhos durante muito tempo leu esse livro "como consultora, detectou problemas e ofereceu sábios conselhos". Sua esposa comentou com perícia o manuscrito. Sua mãe fez comentários incisivos ao texto. Dos comentários de outra pessoa disse que foram muito proveitosos. Por fim, cita oito pessoas que ofereceram comentários penetrantes sobre a primeira versão, dezoito que responderam a consultas e ainda muitos autores de *e-mails*, tantos, que é impossível mencionar seus nomes (p. 239-240). Pode-se dizer que todas essas pessoas estão de certa forma no rol dos revisores?

No Brasil, autores não fazem muito isso – ou não mostram originais a colegas ou se esquecem de agradecer –, mas Galindo[3] agradece à banca (o livro foi sua tese de titular) que ajudou na tese geral e em diversos detalhes. Diz que vários colegas leram os originais e fizeram comentários certeiros. Uma pessoa, diz ele, editou os originais a lápis, *old school*, ainda outra enviou dezenas de comentários e sugestões. Uma funcionária da editora, pelo que pude depreender, preparou o original e higienizou geral sua prosa caótica e descuidada (p. 262).

[2] Pinker, Steven (2014). *Guia de escrita*. São Paulo: Editora Contexto.
[3] Galindo, Caetano W. (2025). *Na ponta da língua*. São Paulo: Companhia das Letras.

Nunca saberemos como eram os "originais" dessas obras (e de todas as outras).

De minha parte, posso dizer que devo muito a quem revisou "meus" originais, desde o da tese que virou livro, até os revisores e editores de outros textos, que introduziram melhoras significativas, mas também alguns erros (ou seleções lexicais estranhas) que eu jamais cometeria por minha conta.

***

Os diversos textos deste livro apresentam problemas e apontam para soluções. "Problemas" não significam "entraves"; significa "questões". As soluções, às vezes, são apresentadas como comandos.

Os problemas mais óbvios são os que esboçam distinções entre, por exemplo, revisar e editar. O livro fala mais em revisar do que em editar, mas não deixa de mencionar a questão da diferença, pouco clara, entre as duas atividades.

A revisão, por sua vez, conforme alguns textos, pode abranger um espectro bastante amplo, sendo a atividade mais simples a de eliminar erros – de ortografia (os mais óbvios, embora não totalmente, como também fica demonstrado) e de gramática (domínio que pode ser um pouco controverso, a depender da maior ou menor rigidez ou conservadorismo de quem revisa[4]).

Mas há passagens em que se fala da revisão dos textos (não da língua), mencionando coesão e coerência, o que provavelmente pode significar para alguns entrar – e jamais diria

[4] Lembro-me de uma declaração que ouvi em uma exposição em congresso que tratava de revisão: "Para mim, 'enquanto' é conjunção de tempo". Ora, a palavra significa bem mais do que isso – e não se trata de uma variante popular... (o mesmo acontece com "por meio / através"). É só ver um dicionário desses volumosos.

"adentrar" – no domínio da edição. Mas, nesse caso, trata-se de discurso, não de texto.

Esse espectro repete, de certa forma, o que Chartier[5] surpreende no capítulo LXII da segunda parte do *Quixote*, na famosa visita a uma tipografia (Chartier 2002, p. 33ss.), que vou resumir. No espaço, Quixote vê "*toda aquella máquina que en las emprentas grandes se muestra*". Lá pôde ver as diversas operações da editora: tirar (trabalho do impressor), corrigir (dos revisores), compor e emendar (dos tipógrafos).

O que mais importa, no entanto, e testemunha que nem tudo mudou, é a passagem seguinte, que fala dos diversos tipos de *correctores*: os graduados universitários, que conhecem gramática, teologia ou leis, mas que não são tipógrafos; os mestres impressores, que conhecem o latim e a língua vulgar; os *componedores* (hábeis tipógrafos, embora não conheçam latim); e finalmente, os corretores ignorantes, que "apenas saben leer" (p. 35-36).

As explicações continuam: os deveres são diversos, e atribuídos a cada grupo conforme sua competência: descobrir gralhas nos textos, censurar o texto e recusar sua publicação (se houver algo que crie encrenca com a Inquisição[6]); corrigir, que consiste em acrescentar a pontuação correta, reparar negligências, corrigir erros dos tipógrafos. Este último corretor deve "entender o pensamento do autor", sendo assim o intermediário entre este último e o leitor (p. 36).

A atividade mais próxima à desse sistema de edição que conheço é a do acompanhamento das dissertações e teses. As

[5] Roger Chartier (2002). *Os desafios de escrita*. São Paulo: Editora Unesp.

[6] Não há mais Inquisição, mas há os pareceristas, as bancas, os leitores e as comunidades discursivas; e os amigos, claro, ainda bem.

diversas funções dos operários da editora descrita por Cervantes são exercidas por mais de uma pessoa nesse processo. O(a) autor(a), em primeiro lugar, que provavelmente escreve e reescreve seu texto. O(a) orientador(a), que lê em primeira mão (provavelmente) e mexe em aspectos do texto (alguns "corrigem" tudo, outros se aplicam mais ao texto – às teses e análises). Acho que há livros que passam por etapas menos numerosas do que essas obras da academia. Talvez fosse de interesse uma análise "genética" das teses, se a redação em computador não apagar todas as etapas intermediárias.

***

Tenho especial predileção pelo tratamento que a ficção dá a certos temas. Assim, queria mencionar dois filmes que, de certa forma, tratam da edição/revisão/autoria, sem considerar o quanto eles se baseiam em histórias "reais" (as mais reais são as ficcionais). Um filme, o que dos dois melhor retrata o trabalho de um editor é *O mestre dos gênios*. Impressionou-me especialmente a quantidade, isto é, o volume dos cortes (ele riscava páginas inteiras) que o editor fazia nos originais entregues a ele por Tom Wolfe. No outro, *Senhor e senhora Adelman*, um grande *flashback*, revela-se um segredo – se eu o contasse aqui, seria um *spoiler*. Mas não foi isso que me pegou, e sim a primeira revisão que a namorada – futura esposa – faz das páginas iniciais do primeiro romance do jovem escritor. Gostaria de ler revisores ou editoras profissionais comentando esses filmes, avaliando seu ofício em comparação com o que essas duas obras mostram.

Campinas, abril de 2025.

REFERÊNCIAS

ACADEMIA BRASILEIRA DE LETRAS. *Vocabulário Ortográfico da Língua Portuguesa*. 5. ed. São Paulo: Global, 2009.

ACADEMIA BRASILEIRA DE LETRAS. *Vocabulário Ortográfico da Língua Portuguesa*. 6. ed. São Paulo: Global Editorial, 2021. Disponível em: https://bit.ly/41FHRgG. Acesso em: 1º ago. 2025.

ACUÑA, E. F. S.; SOLANO, M. G. A. Usos de ChatGPT® para la revisión de textos académicos: algunas consideraciones. *Revista Innovaciones Educativas*, v. 25, n. SPE1, p. 60-78, 2023. Disponível em: https://bit.ly/4plZAE9. Acesso em: 11 abr. 2025.

ALVES, T. F.; BARROS, E. B. R. de. Reflexões sobre a construção do texto e o funcionamento do discurso: algumas contribuições para o trabalho do revisor de textos. *Revista do Instituto de Ciências Humanas*, v. 13, n. 17, 2017.

ANDRADE, M. *A lição do amigo*: Cartas de Mário de Andrade a Carlos Drummond de Andrade. Notas e apresentação de Carlos Drummond de Andrade. Rio de Janeiro: Record, 1988.

ANDRADE, M. *Contos novos, Vestida de preto*. Versão eletrônica. Disponível em: https://bit.ly/4nfBHMq. Acesso em: 5 ago. 2025.

ANDRADE, M. de. *Querida Henriqueta*. Cartas de Mário de Andrade a Henriqueta Lisboa. Organização: Abigail de Oliveira Carvalho. Transcrição dos manuscritos: Rozani C. do Nascimento. Revisão, introdução e notas: Lauro Palú. Rio de Janeiro: José Olympio, 1991.

ASSIS, J. A. Ações do professor e do universitário nas práticas de ensino e de aprendizagem da escrita acadêmica: o papel da avaliação e da reescrita no processo de apropriação do gênero resenha. *Eutomia*, v. 2, n. 14, p. 543-561, 2014. Disponível em: https://bit.ly/3VATvG2. Acesso em: 15 jun. 2025.

ASSIS, J. A. Discursos de orientadores brasileiros e franceses no e sobre o *feedback* aos textos de seus mestrandos e doutorandos: um olhar sobre critérios e expedientes em torno da apropriação da palavra de outrem na escrita acadêmica. *Linguagem & Ensino*, v. 22, p. 533, 2019. Disponível em: https://bit.ly/4m1Oy3V. Acesso em: 15 jun. 2025.

AULETE. *Dicionário Aulete Digital*. Disponível em: http://bit.ly/3K1coiX. Acesso em: 1º ago. 2025.

AUTHIER-REVUZ, J. Heterogeneidade mostrada e heterogeneidade constitutiva: elementos para uma abordagem do outro no discurso. *In*: AUTHIER-REVUZ, J. *Entre a transparência e a opacidade:* um estudo enunciativo do sentido. Porto Alegre: EDIPUCRS, 2004.

BAKHTIN, M. M. Os gêneros do discurso. *In*: BAKHTIN, M. *Estética da criação verbal*. Trad.: Maria Pereira. São Paulo: Martins Fontes, 2003.

BAKHTIN, M. Os gêneros do discurso (1952-1953). *In*: BAKHTIN, M. *Estética da criação verbal*. Tradução: Paulo Bezerra. 6. ed. São Paulo: Martins Fontes, 2011 [1979].

BAKHTIN, M. Os gêneros do discurso. *In*: BAKHTIN, M. *Estética da criação verbal*. São Paulo: Martins Fontes, 2003.

BAKHTIN, M. *Os gêneros do discurso*. Trad.: Paulo Bezerra. São Paulo: Editora 34, 2016.

BAKHTIN, M. *Teoria do romance I*. A estilística. Tradução, prefácio, notas e glossário: Paulo Bezerra. São Paulo: Editora 34, 2015.

BANDEIRA, M. *Libertinagem*. Rio de Janeiro: Global, 2014.

BARBOSA, V. F. *Uma análise dialógica da atividade de revisão linguística em EaD*. 2012. Dissertação (Mestrado em Linguística Aplicada) – Universidade Católica de Pelotas, Pelotas.

BARBOSA, V. F. *Uma voz apagada?* Análise da atividade de revisão de textos acadêmicos sob as perspectivas bakhtiniana e ergológica. 2017. Tese (Doutorado em Linguística) – Pontifícia Universidade Católica do Rio Grande do Sul, Porto Alegre, 2017.

BARRETO, J. A força do hábito. 2014. *In*: CANDIDO, A. *O estudo analítico do poema*. São Paulo: Humanitas Publicações / FFLCH/USP, 1996.

BARROS, E. B. R. de; RODRIGUES, D. L. D. I. Revisão, edição e preparação de textos: o desafio profissional de novos cenários de atuação. *Cadernos Cespuc de Pesquisa*, n. 31, 2° sem. 2017.

BARROS, E.; RODRIGUES, D. L. D. I. Revisão, edição e preparação de textos: o desafio profissional de novos cenários de atuação. *Cadernos Cespuc*, v. 31, p. 1-9, 2° sem. 2017.

BARTHES, R. *O rumor da língua*. Tradução: Mario Laranjeira. São Paulo: Martins Fontes, 2004.

BECHARA, E. Ainda o hífen e o verbo arguir. *O Dia*, 11 mar. 2012. Disponível em: https://bit.ly/41H6klH. Acesso em: 1° ago. 2025.

BECHARA, E. *Novo dicionário de dúvidas da língua portuguesa*. Rio de Janeiro: Nova Fronteira, 2016.

BECHARA, E. O não emprego do hífen nas locuções (2). *O Estado de S. Paulo*, 15 mar. 2009. Disponível em: https://bit.ly/4padokV. Acesso em: 1° ago. 2025.

BENVENISTE, E. Da subjetividade na linguagem. *In:* BENVENISTE, E. *Problemas de Lingüística Geral I*. 3. ed. São Paulo: Pontes, 1991.

BENVENISTE, E. O aparelho formal da enunciação. *In*: BENVENISTE, E. *Problemas de Lingüística Geral II.* 3. ed. São Paulo: Pontes, 1989.

BORBA, F. S. *Dicionário de usos do português do Brasil.* São Paulo: Ática, 2002.

BRASIL. *Decreto nº 6.583*, de 29 de setembro de 2008. Promulga o Acordo Ortográfico da Língua Portuguesa, assinado em Lisboa, em 16 de setembro de 1990. *Diário Oficial da União.* Brasília, seção 1, p. 1-9, 30 set. 2008. Disponível em: https://bit.ly/47viXUG. Acesso em: 1º ago. 2025.

CHARTIER, R. *A ordem dos livros.* Brasília: Editora da UnB, 1994.

CHARTIER, R. *Os desafios da escrita.* São Paulo: Editora Unesp, 2002.

COELHO, S.; ANTUNES, L. Revisão textual: para além da revisão linguística. *Scripta*, v. 14, n. 26, p. 205-224, 1º sem. 2010.

CORRÊA, M. L. G. Heterogeneidade da escrita: a novidade da adequação e a experiência do acontecimento. *Filologia e Linguística Portuguesa*, n. 8, p. 269-286, 2006. Disponível em: https://bit.ly/3JP2xN9. Acesso em: 25 fev. 2025.

CORRÊA, M. L. G. Pressupostos teóricos para o ensino da escrita: entre a adequação e o acontecimento. *Filol. linguíst. port.*, n. 9, p. 201-211, 2007. Disponível em: https://bit.ly/3I87Bvt. Acesso em: 30 jul. 2025.

COSTA VAL, M. da G. *Redação e textualidade.* São Paulo: Martins Fontes, 1991.

COSTA VAL, M. da G. Repensando a textualidade. *In*: AZEREDO, J. C. de (org.). *Língua portuguesa em debate*: conhecimento e ensino. Petrópolis: Vozes, 2000.

COSTA VAL, M. Texto, textualidade e textualização. *In*: CECCANTINI, T.; PEREIRA R.; ZANCHETTA JR. J. (org.). *Pedagogia cidadã*: cadernos de formação: Língua Portuguesa. v.1. São Paulo: Unesp, Pró-Reitoria de Graduação, 2004.

COSTA, R. V.; RODRIGUES, D. L.; PENA, D. P. Dificuldades no trabalho do revisor de textos: possíveis contribuições da linguística. *Revista Língua Portuguesa*. n. 49, nov.2009.

EFIGÊNIO, C. *Poemas de salão.* Textos inéditos. Disponível em: https://bit.ly/3JNHquM. Acesso em: 29 ago. 2025.

FARACO, C. *Norma culta brasileira:* desatando alguns nós. São Paulo: Parábola Editorial, 2008.

FEDATTO, C. P.; COELHO, B. G. P. A prática de revisão de textos entre inadequação e inovação: uma discussão sobre variação, mudança e política linguística. *Scripta*, v. 20, n. 38, p. 337-357, 1º sem. 2016.

FERREIRA, A. B. de H. *Dicionário da língua portuguesa.* 5. ed. Curitiba: Positivo, 2010.

FIORIN, J. L. Polifonia textual e discursiva. *In*: BARROS, D. L. P. de; FIORIN, J. L. (org.). *Dialogismo, polifonia, intertextualidade*. São Paulo: Edusp, 1999.

FONSECA, F.; FALCATO, J. A.; ANDERSEN, F.; ALMEIDA, J. N. de; TOJINHA, M. *Dicionário médico Climepsi*. Lisboa: Climepsi, 2012.

FOUCAULT, M. O que é um autor? *In*: MACHADO, R. (org.). *Michel Foucault: uma trajetória filosófica* – Para uma arqueologia das ciências. Trad.: Vera Porto Carrero. Rio de Janeiro: Forense Universitária, 2006. p. 273-302.

FURLANETTO, M. M. A morte do autor, a leitura de outrem e a construção autoral. *In*: FLORES, G. G. B.; NECKEL, N. R. M.; GALLO, S. M. L. (org). *Análise do discurso em rede*: cultura e mídia. Campinas: Pontes, 2015. p. 159.

FUZA, A. F.; MENEGASSI, R. J. Revisão e reescrita de textos a partir do gênero textual conto infantil. *Diálogo das Letras*, v. 1, n. 1, p. 41-56, jan./jun. 2012.

GALINDO, C. W. *Na ponta da língua*. São Paulo: Companhia das Letras, 2025.

GOMIDE, R. M.; GOMIDE FILHO, S. R. Considerações sobre a revisão profissional de textos acadêmico-científicos. *Scripta*, v. 19, n. 36, p. 337-355, 1. sem. 2015.

HERMONT, A. B.; ASSUMPÇÃO, S. B. Educação a distância: como revisar os materiais didáticos. *Scripta*, v. 14, n. 26, p. 179-194, 1. sem. 2010.

HONORATO, L. A. S.; FERREIRA, H. M.; DIAS, J. A formação de professores e o uso do ChatGPT® para revisão de textos. *Ensino & Pesquisa*, v. 22, n. 3, p. 501-514, ago./dez. 2024. Disponível em: https://bit.ly/45QScJf. Acesso em: 10 abr. 2025.

HOUAISS, A.; VILLAR, M. de S. *Dicionário Houaiss da língua portuguesa*. Rio de Janeiro: Objetiva, 2009.

HOUAISS, A.; VILLAR, M. de S. *Grande dicionário Houaiss da língua portuguesa*. Rio de Janeiro: Objetiva, 2001.

IBGE. *Índice de nomes geográficos*. Rio de Janeiro: IBGE, 2011. v. 1. Disponível em: https://bit.ly/465uNmd. Acesso em: 1º ago. 2025.

INDURSKY, F. A escrita à luz da análise do discurso. *In*: CORTINA, A.; NASSER, S. M. G. C. N. (org.). *Sujeito e linguagem*. São Paulo: Cultura Acadêmica, 2009.

KOCH, I. G. V. Intertextualidade: outros olhares. *In*: KOCH, I. G. V.; BENTES, A. C.; CAVALCANTE, M. M. *Intertextualidade*: diálogos possíveis. São Paulo: Cortez, 2007.

MARCUSCHI, L. A. *Da fala para a escrita:* atividades de retextualização. São Paulo: Cortez, 2004.

MARCUSCHI, L. A. Critérios de textualização: visão geral. *In*: MARCUSCHI, L. A. *Produção textual, análise de gêneros e compreensão.* São Paulo: Parábola Editorial, 2008.

MASSULA, U. F. Panorama dos estudos em revisão de textos: o que as publicações em periódicos nacionais revelam sobre o tema? *Revista do Instituto de Ciências Humanas,* v. 13, n. 18, p. 100-126, 2017.

MATENCIO, M. de L. M. Atividades de (re)textualização em textos acadêmicos: um estudo do resumo. *Scripta*, v. 6, n. 11, p. 109-122, 2. sem. 2002.

MICHAELIS. *Dicionário brasileiro da língua portuguesa.* Disponível em: https://michaelis.uol.com.br. Acesso em: 1º ago. 2025.

MORAES, M. A. de (org.). *Correspondência*: Mário de Andrade & Manuel Bandeira. São Paulo: EdUSP, 2001.

MOURÃO, E. A hipercorreção na escrita formal: dilemas do revisor de textos. *Scripta*, v. 14, n. 26, p. 163-178, 1. sem. 2010.

MUNIZ JÚNIOR, J. de S. A intervenção textual como atividade discursiva: considerações sobre o laço social da linguagem no trabalho de edição, preparação e revisão de textos. *In*: CONGRESSO BRASILEIRO DE CIÊNCIAS DA COMUNICAÇÃO, 32., 2009, Curitiba. *Anais* [...]. Curitiba: Intercom, 2009. Disponível em: https://bit.ly/41D1TIL. Acesso em: 2 jun. 2025.

MUNIZ JÚNIOR, J. de S. *Tinha um editor no meio do caminho*: questões contemporâneas de edição, preparação e revisão textual. Divinópolis: Artigo A, 2018.

NASCIMENTO, L. da S. do. Concepções e formação do profissional de revisão de textos em Minas Gerais. *Caletroscópio.* v. 2, n. 3. p. 87-120, jul./dez. 2014.

NASCIMENTO, M. *A palavra no espelho.* Belo Horizonte: Rona, 2003.

OLIVEIRA, R. R. F. *Um olhar dialógico sobre a atividade de revisão de textos escritos*: entrelaçando dizeres e fazeres. 2007. Tese (Doutorado em Linguística Aplicada) – Universidade Federal do Rio Grande do Norte, Natal, 2027.

OPENAI. ChatGPT (versão GPT-4). Disponível em: https://chat.openai.com/. Acesso em: 1º ago. 2025.

ORLANDI, E. P. *A linguagem e seu funcionamento*: as formas do discurso. Campinas: Pontes, 1996.

ORLANDI, E. P. *Discurso e texto*: formulação e circulação dos sentidos. Campinas: Pontes, 2001.

PÊCHEUX, M. *O discurso*: estrutura ou acontecimento. Trad.: Eni Puccinelli Orlandi. São Paulo: Pontes, 2006.

PERPÉTUA, E. D.; GUIMARÃES, R. B. J. A revisão do texto literário: um trabalho de memória. *Scripta*, v. 14, n. 26, p. 195-204, 1. sem. 2010.

PINKER, S. *Guia de escrita*. São Paulo: Contexto, 2014.

POSSENTI, S. Indícios de autoria. *Perspectiva*, v. 20, n. 1, p. 105-124, jan./jun. 2002.

RAMOS, G. *Vidas secas*. Rio de Janeiro: Martins Fontes, 1974.

RIBEIRO, A. E. *Em busca do texto perfeito*. São Paulo: Parábola Editorial, 2024.

RIBEIRO, A. E. Revisão de textos e "diálogo" com o autor: abordagens profissionais do processo de produção e edição textual. *In*: CONGRESSO BRASILEIRO DE CIÊNCIAS DA COMUNICAÇÃO, 32, 2009. *Anais* [...] Curitiba: Intercom, 2009. Disponível em: https://bit.ly/3HI1eiv. Acesso em: 2 jun. 2025.

RIBEIRO, A. E.; D'ANDREA, C. F. B. Retextualizar e reescrever, editar e revisar. Reflexões sobre a produção de textos e as redes de produção editorial. *Veredas*, v. 14, n. 1, p. 64-74, 2010. Disponível em: https://bit.ly/3IlH6mk. Acesso em: 11 set. 2024.

RODRIGUES, D. L. D. I. *"A morte do autor", a morte do leitor, a autoria e os softwares antiplágio*. 2025. Inédito.

RODRIGUES, D. L. D. I. Para além da normalização: aspectos interacionais dos textos institucionais. *Scripta*, v.19. n. 36, 2015a.

RODRIGUES, D. L. D. I. Revisão de textos: entre a teoria e a prática. *Cadernos Cespuc de Pesquisa*, n. 26, 2015b.

ROSA, J. G. *Grande sertão: veredas*. Rio de Janeiro: Nova Aguilar, 1994.

RUFFATO, L. *Eles eram muitos cavalos*. São Paulo: Boitempo Editorial, 2006.

RUIZ, E. M. S. D. *Como se corrige redação na escola*. São Paulo: Contexto, 2013.

SALGADO, L. S. *Quem mexeu no meu texto?* Questões contemporâneas de edição, preparação e revisão textual. Divinópolis: Artigo A, 2017.

SALGADO, L. S. *A revisão de textos nos ritos genéticos editoriais*. Uberlândia, MG: Autorar, 2024.

SALGADO, L. S. Ritos genéticos editoriais: uma abordagem discursiva da edição de textos. *Rev. Inst. Estud. Bras.*, São Paulo, n. 57, p. 253-276, dez. 2013.

SALGADO, L. S. Ritos genéticos no mercado editorial. *Scripta*, v. 14, n.26, p. 139-150, 2010.

SALGADO, L. S. *Ritos genéticos no mercado editorial*: autoria e práticas de textualização. 2007. Tese (Doutorado em Linguística) – Instituto de Estudos da Linguagem, Universidade Estadual de Campinas, Campinas, 2007.

SANTOS, L. A. B.; OLIVEIRA, S. P. de. *Sujeito, tempo e espaço ficcionais*. São Paulo: Martins Fontes, 2001.

SARAMAGO, J. *História do Cerco de Lisboa*. São Paulo: Companhia das Letras, 1989.

SINGAPURENSE. *In*: *Dicionário da língua portuguesa*. Lisboa: Priberam Informática, 1998. Disponível em: https://dicionario.priberam.org/singapurense. Acesso em: 1º ago. 2025.

SOBRAL, Adail. Traduzimos discursos, não (apenas) textos. *In*: SOBRAL, Adail. *Dizer o 'mesmo' a outros*: ensaios sobre tradução. São Paulo: SBS Livraria, 2008. p. 57-73.

VOLÓCHINOV, V. N. *Marxismo e filosofia da linguagem:* problemas fundamentais do método sociológico. Tradução, notas e glossário de Sheila Grillo e Ekaterina Vólkova Américo. São Paulo: Editora 34, 2017.

VOLOCHÍNOV, V. N. Que é a linguagem? *In*: VOLOCHÍNOV, V. N. *A construção da enunciação e outros ensaios*. Tradução: João Wanderley Geraldi. São Carlos: Pedro & João, 2013a. p. 135-156.

VOLOCHÍNOV, V. N. A palavra na vida e a palavra na poesia. Introdução ao problema da poética sociológica. *In*: VOLOCHÍNOV, V. N. *A construção da enunciação e outros ensaios*. Tradução: João Wanderley Geraldi. São Carlos: Pedro & João, 2013b. p. 71-100.

◆ QUESTÕES CONTEMPORÂNEAS
DE **EDIÇÃO, PREPARAÇÃO**
E **REVISÃO TEXTUAL** ◆

1. *Em busca do texto perfeito*, Ana Elisa Ribeiro
2. *Para ler e revisar textos*, Ana Elisa Ribeiro e Márcia Regina Romano [organização]
3. *Revisão de textos - Da escrita acadêmica e outros domínios*, Felícia Xavier Volkweis
4. *No ritmo do texto*, Daniella Rodrigues, Juliana Alves Assis [organização]

Esta obra foi composta em Nimbus Roman 12/15,7 e MinervaModern 11/14
e impressa em papel Lux Cream 70g e Ningbo Fold 250g
para a **Parábola Editorial** em setembro de 2025.

Impressão e acabamento:
Gráfica Paym